Slowenien

# SOUL PLACES

Daniela Schetar
Friedrich Köthe

# Dobrodošli!

Ganz verschiedene und vor allem unerwartete Orte oder Dinge können Reisende besonders berühren: ein majestätisches Landschaftstableau oder eine stille Altstadtgasse, eine landestypische Spezialität oder ein schrilles Graffito, der Duft des Meeres oder das Heulen des Windes. Ob und wo sich eine Seelenverbindung herstellt, ist individuell sehr verschieden. Dennoch hoffen die Autoren dieses Bandes, Sie mit diesen 80 Soul Places zu ungewöhnlichen Erlebnissen und Stimmungen zu führen. Und dabei vielleicht auch Einiges über Slowenien und die Eigenarten dieses kleinen Landes zwischen Alpen und Adria zu vermitteln.

Die Innensicht kommt nicht von ungefähr, denn beide Autoren sind „Slowenen“: Daniela Schetar qua Geburt im gemütlichen Maribor, der Münchner Friedrich Köthe trägt den Ehrentitel dank der dreimaligen Besteigung des höchsten Berges Triglav – denn nur wer auf dessen Gipfel stand, so ein slowenisches Sprichwort, darf sich einen *echten Slowenen* bzw. eine *echte Slowenin* nennen. So verbindet das Autorenpaar angeborene mit erarbeiteter Zugehörigkeit, ideal also für eine zugleich liebevolle wie kritische Annäherung an dieses Land und seine Menschen.

Zwischen den Schneegipfeln der Julier und den tiefen Wäldern entlang der kroatischen Grenze, zwischen den slowenisch-steirischen Weinbergen und der Adriaküste begegnet man bimmelnden Wunschglocken und mordlustigen Wassermännern, sozialistischem Heros und alternativer Street-Art, geheimnisvollen Höhlenlabyrinthen und blütenweißen Pferden. Das Buch erzählt von abergläubischen Bauern, exzentrischen Architekten, abenteuerlustigen Frauen, romantischen Dichtern und von Erfindern, die über Kunst im Weltraum philosophieren.

Vor allem aber von den großen und kleinen Eigenheiten der Sloweninnen und Slowenen und ihrer Fähigkeit, wahre Soul Places zu kreieren. Viel Spaß beim Entdecken!

Daniela Schetar und
Friedrich Köthe

# Inhalt

Die farbigen Punkte vermitteln die Atmosphäre des jeweiligen Soul Places.
Die Bedeutung der Farben ergibt sich aus den folgenden Seiten.

**Leidenschaft ist immer siegreich.**

Theodor Fontane

Das Leben erleben

Die Kultur schmecken

Den Puls spüren

VOLLER ENERGIE & TATENDRANG

Genuss

Momente für die Ewigkeit schaffen

SICH INS ABENTEUER STÜRZEN

NEUE BEKANNTSCHAFTEN SCHLIEßEN

#eintauchen

kommunikativ sein

LOVE

**Es gibt keine richtige Art, die Natur zu sehen. Es gibt hundert.**

Kurt Tucholsky

BREATHE IN
BREATHE OUT

ZUR MITTE FINDEN

Natürlich
Natürlich
Natürlich
schön

Heilende Ruhe

EINE PAUSE MACHEN

#Achtsamkeit

into the unknown

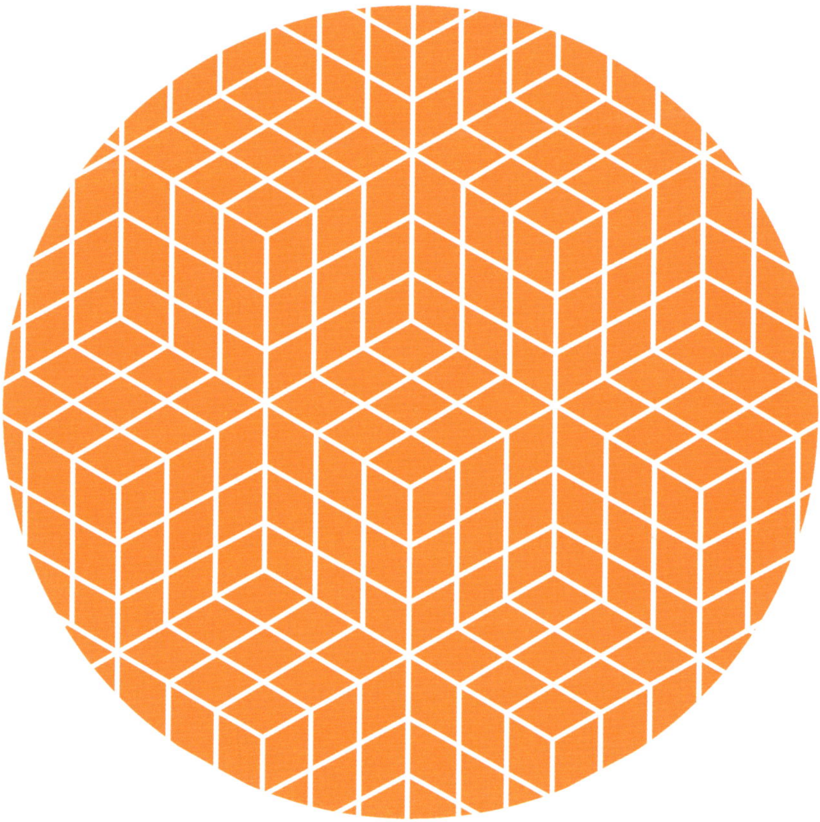

**Der Geist spricht zum Geist
und nicht zu den Ohren.**

Giacomo Girolamo Casanova

Bewusstsein

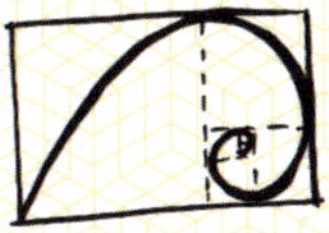

$1_2{}^3$

Once upon

a time ...

Den Geist beschäftigen

Kreativität

IST EIN

Fluss

KULTUR

MYSTIK & Magie

NEUE

PERSPEKTIVEN

GEWINNEN

# Der heilige Michael vom Kanalrohr. Bäuerliche Kirchenarchitektur vom Meister.

Eine der eigenwilligsten Kirchenbauten Sloweniens verbirgt sich ganz unscheinbar im 5 km vom Zentrum gelegenen Moorgebiet *Ljubljansko barje*. Ein Moor ist auch das längst nicht mehr, besiedelt mit Straßendörfern und nicht eben hübsch. Und mittendrin in dieser Einfamilienhaus-Uniformität entlang schnurgerade gezogener Straßenlinien, im Dorf Črna vas, steht die Kirche Sv. Mihael na barju. Jože Plečnik baute daran von 1937 bis 1940.

### Recycling mit regionalen Baustoffen

Im Gegensatz zu anderen Arbeiten stand dieses Projekt unter großem finanziellem Druck. Plečnik entwarf die Dorfkirche für die Gemeinde, in der sein Neffe Priester war; Geld stand naturgemäß wenig zur Verfügung. Also beschränkte sich Plečnik auf einfache Materialien – Stein aus den nahen Brüchen, Holz, das ihm die Bauern schenkten, und übriggebliebene Abflussrohre aus Beton, mit denen er die Fassade strukturierte, als seien es Säulen. Nachhaltig würde man heute sagen. Ein weiteres Problem stellte der sumpfige Grund dar, der großes Gewicht nicht tragen konnte. Daher der von der Kirche abgesetzte und stark durchbrochene Glockenturm. Daher auch die wie eine federleichte Himmelsleiter in den Kirchenraum führende Treppe.

### Der Balkan lässt grüßen

Auch innen ist vieles anders als gewohnt. Holzschnitzereien, bunte Bordüren und Ikonen lassen die Einflüsse des Balkans erkennen, einige Elemente wie Arkaden und Empore erinnern an bäuerliche Architektur. Auch Details wie Kerzenleuchter, die Türklinke, das Ewige Licht, stammen aus Plečniks Hand. Am auffälligsten aber ist: Die Bänke staffeln sich nicht hintereinander im Langhaus, sondern stehen quer, ausgerichtet auf einen Altar, der sich nicht ganz weit vorne verbirgt, sondern die Messfeier mitten unter die Gläubigen trägt. Der Priester sollte der Gemeinde nah sein, nicht fern. Typisch Plečnik. Der Architekt war ein strenggläubiger Katholik, aber ein Feind von Hierarchien.

**Wo?**

Kirche Sv. Mihael na Barju, Črna vas 48, 1000 Ljubljana, Tel. +386 14272218, +386 41716949

**Wann?**

Besichtigung des Kirchenraums nur nach telefonischer Absprache, Spende zur Kirchenrenovierung erbeten.

**Wichtiges**

Das Moorgebiet steht als Regionalpark unter Naturschutz. Man kann hier schöne Radtouren unternehmen (z. B. www. bikemap.net).

# Street-Art blüht an den eigenwilligsten Orten – auf zur Spurensuche.

Dieser besondere Ort liegt nicht im Zentrum Ljubljanas, sondern an einer jener gesichtslosen Ausfallstraßen, deren ästhetische Zumutung zu gleichen Teilen dem real existierenden Sozialismus (normierter Wohnungsbau) und dem ebenso realen Kapitalismus (Einkaufszentren, Automobilhäuser, Boulettenbrater) zu danken ist. Der Stadtteil heißt Šiška und ist Namensgeber eines ehemaligen Kinos und heute angesagten „Zentrums urbaner Kultur". Der 1960er-Jahre-Bau eines namhaften jugoslawischen Architekten wirkt heute, schick aufgemotzt, richtig postmodern. Ein Kino gibts immer noch, dazu verschiedene Veranstaltungsräume, in denen mittelgroße Musikevents aus der internationalen Jazz-, Rock-, Hiphop- und Indieszene stattfinden. Dazu ein sehr angenehmes, sehr transparentes Café mit köstlichem Cappuccino. Und die Betreiber des Kinos Šiška, so heißt es immer noch, organisieren auch namhafte alternative Festivals mit, so auch das Ljubljana Street-Art-Festival.

### Vom Protest zur Kunst

Damit beginnt die Geschichte der künstlerischen Nutzung einer Fußgängerunterführung unter der viel befahrenen Celovška cesta direkt vor dem Kino Šiška. Gesprüht hat die Jugend hier (illegal) schon immer, aber 2011 gab Ljubljanas Stadtverwaltung die Unterführung und zwölf weitere Stellen in Ljubljana als Street-Art-Bühne frei. Einen künstlerischen bzw. kuratierten Aspekt bekam das Geschehen in der Unterführung 2013, als das Kollektiv „1107 Klan", eine Gruppe von Graffiti-Künstlern aus dem Viertel Šiška, bekannte slowenische Kollegen zu einer gemeinsamen Aktion einlud. Seither finden dort immer wieder Street-Art-Events statt, die Unterführung bekommt regelmäßig ein neues Gesicht. Das Logo von 1107 Klan findet sich aber auch auf Arbeiten in Metelkova Mesto und an der Ex-Fahrradfabrik Rog in der Trubarjeva cesta.

### Das stille Örtchen

Das Kino Šiška, selbst ebenfalls mit Graffiti geschmückt, bildet ein Zentrum und auch eine Art Motor für den Aufbruch der slowenischen Street-Art-Szene. Übrigens lohnt es sich, einen Blick in die Toiletten zu werfen! Dort hat das mysteriöse Kollektiv ZEK Crew, bestehend aus Grafik- und Industriedesignern, die sich an Ljubljanas Kunsthochschule kennenlernten, ein Mural hinterlassen, das den sinnigen Namen *Gužva na skretu,* Gedränge auf dem Klo, trägt.

Sehr unterhaltsam!

**Wo?**

Unterführung & Kino Šiška, Trg Prekomorskih brigad 3 (Celovška cesta), 1000 Ljubljana, Tel. +386 15003000, www.kinosiska.si

**Wann?**

Street-Art-Festival Ende Juni/Anfang Juli, https://streetart-festival.si

**Wichtiges**

1107 Klan, facebook.com/1107klan, ZEK Crew, https://zekcrew.com

# Triumphbögen, Kuppeln, Kapellen – stiller Gang durch Plečniks Stadt der Toten.

Der Architekt Jože Plečnik (1872–1957) hat mit seinen ausgefallenen Bauprojekten, die man eher als Gesamtkunstwerke bezeichnen könnte, Ljubljana einen UNESCO-Weltkulturerbetitel eingebracht. Beim Bummeln durch Plečniks Ljubljana stellt sich allerdings auch die Frage: Wie konnte der Mann so an Einfluss gewinnen? Im Prinzip ähnlich wie Gaudí in Barcelona hat Plečnik in Ljubljana so gut wie jedes repräsentative Neubauprojekt geprägt. 1936–1941, als Slowenien noch Teil des Königreichs Jugoslawien war, gestaltete er den Friedhof Žale im Stadtteil Bežigrad.

## Reverenz an die Antike

Friedhöfe können große Attraktionen sein, man denke nur an den Wiener Zentralfriedhof oder Père-Lachaise in Paris. Grund ist, dass berühmte Persönlichkeiten beigesetzt sind. Das gilt nicht für Žale, zumindest, soweit es um international bekannte Größen geht. Žale ist eine Totenstadt, deren Faszination von den Totenkapellen ausgeht, die Plečnik anstelle einer zentralen Aufbahrungshalle konzipierte. Bereits das Entrée ist monumental, eine im Halbkreis gesetzte, doppelstöckige Säulenhalle rahmt einen Triumphbogen ein, der aus der Stadt der Lebenden in die Stadt der Toten führt und auf dessen höchstem Punkt eine Doppelstatue, Christus und Maria, wacht. Dahinter spiegeln die Toten- oder Verabschiedungskapellen alle erdenklichen Baustile und damit auch Religionen, von der Antike über Byzanz und vom Christentum bis zum Islam. Wer sich Zeit nimmt, findet zahllose symbolkräftige Details, so etwa eigenwillige Leuchten oder mit den Mauern verbundene Statuen. An den Mauern der in diesem Meer aus weißem Stein besonders auffälligen Tischlerwerkstatt, in der früher Särge gezimmert wurden, finden sich ähnliche Strukturen wieder wie an der Universitätsbibliothek.

## Gleichheit im Tod

Ungemein intensiv ist die Wirkung dieses Komplexes. Der Tod bekommt eine feierlich-entrückte Konnotation, wie man sie ihm vielleicht in der Antike zugesprochen hat. Und er überwindet religiöse Unterschiede. Oder aber ganz einfach ausgedrückt: Dieser Friedhof ist ein Ort der Stille und der Kraft.

**Wo?**

Pokopališče Žale, Med hmeljniki 2, 1000 Ljubljana, Tel. +386 14201700, www.zale.si

**Wann?**

7–19 Uhr, kostenlose Führungen März–Okt., 1. Samstag/Monat, 10 Uhr

**Wichtiges**

Das Grab von Jože Plečnik: Abteilung 6A, Reihe 14, Grab 13

# Diese Burger haben's in sich: slowenische Kulinarik für Experimentierfreudige.

Bevor sich Empörung breitmacht: Auch in Mitteleuropa war es bis in die 1960er-Jahre gang und gäbe, Pferdefleisch zu essen. In einigen Ländern wie Frankreich ging der Konsum nie wirklich zurück. Auch in Slowenien nicht.

**Nightlife mit Pferdeburger**

Das brachte Jure Ažman nach der Metzgerlehre auf die Idee mit den Pferde-Burgern. 1993 startete er mit einem Schnellimbiss am Tivoli-Park, stand aber die meiste Zeit einsam hinter seinem Tresen. Erst als er die Öffnungszeiten dem Lebensrhythmus der Nachtszene anpasste, begann das Geschäft zu florieren. Ein Hot' Horse-Burger vor oder nach dem Clubbesuch wurde Kult. Ažman erweiterte nicht nur sein Angebot um Pferde-Tortillas und -Hot Dogs, sondern eröffnete zwei weitere Hot' Horse-Filialen. Das Geschäft hat Erfolg, das sieht man schon an den Schlangen vor dem Imbiss, selbst wenn die umliegenden Kinos geschlossen sind. Pferdefleisch von bis zu zwei Jahre alten Tieren, die auf Weiden gehalten werden – und nichts Anderes kommt bei Ažman auf den Grill – sieht und schmeckt dem Fleisch von Rindern zum Verwechseln ähnlich. Manch einer mag einen leicht süßlichen Unterton bemerken, den wahre Fans besonders mögen. Geschätzt wird auch, dass Pferdefleisch kaum Fett und Cholesterin enthält. Das Ganze schmeckt also nicht nur gut, es ist auch noch gesund.

**Der Papst und die Pferde**

Übrigens gab es mal so etwas wie ein „abendländisches Pferdefleischverbot". Papst Gregor III. erließ es 732. Bis heute rätselt die Welt, ob er das Fleisch für unrein hielt oder nur sicherstellen wollte, dass seinen Truppen ausreichend Reittiere zur Verfügung stehen. Denn der Hunger trieb so manch einen Soldaten dazu, sein Pferd aufzuessen. Bis ins 19. Jh. wurde Pferdefleisch in vielen Ländern gemieden. Dann stand es plötzlich wieder auf den Speiseplänen. In Slowenien ist der Genuss weit verbreitet. In fast allen ländlichen Gaststätten gibt es auch Gerichte aus Pferde- oder Fohlenfleisch. Sollte aus dem slowenischen ein internationaler Trend werden, hat Ažman sich den Markennamen Horseburger vorsorglich in 60 Ländern weltweit schützen lassen.

**Wo?**

Hot' Horse, Celovška cesta 25, 1000 Ljubljana, Tel. +386 31 709716, www.hot-horse.si

**Wann?**

Mo–Sa 10–22 Uhr, So 12–20 Uhr

**Wichtiges**

Nichts für Vegetarier

# Metelkova mesto – die Stadt, in der Ljubljana alternative Blüten treibt.

*Metelkova mesto,* die „Stadt Metelkova“, bildet seit Sloweniens Unabhängigkeit eine der umstrittensten sozialen Initiativen in Ljubljana. Bis zu Sloweniens Unabhängigkeit 1991 waren auf dem 12.500 $m^2$ großen Gelände zwischen Zentrum und Bahnhof Einheiten der jugoslawischen Volksarmee stationiert. Als diese abzogen, bat eine kunterbunte Vereinigung verschiedenster alternativer Gruppen, die sieben Militärgebäude aus der austro-ungarischen Ära nutzen zu dürfen. Die Stadtverwaltung stimmte zu –, machte diese Genehmigung aber nie offiziell, was in den folgenden Jahren immer wieder zu Konflikten mit der Polizei, Besetzungen, Räumungen und Abrissaktionen führte. Metelkova mesto ist heute eine der großen Attraktionen Ljubljanas.

### Quer durch die kreative Szene

Das gibt dem Kulturprojekt ein gewisses Maß an Sicherheit. Nicht nur, dass die verschiedenen Veranstaltungshallen wie Gala Hala mit Konzerten einen Großteil des Hauptstadt-Musikprogramms bestreiten. Die „Stadt“ selbst mit ihren Künstlerateliers, Clubs, den von prominenten Street-Artist:innen gestalteten Wänden ist zu einer Sehenswürdigkeit avanciert. Hatten die Nutzer jahrelang Ljubljanas Trinkwasser illegal abgezapft, gibt es heute eine offizielle Wasserversorgung. Trafen sich die Mitglieder der LGBT-Community früher in verschiedensten und meist verschwiegenen Winkeln der Stadt, besitzen sie heute in Metelkova zwei Clubs, Monokel und Tiffany. Nicht nur das: Die alternative Kulturoase zog auch den Mainstream an: Drei große Museen – Zeitgenössische Kunst, Ethnologie und Nationalmuseum – sind in attraktive Neubauten an den Rand der Metelkova gezogen.

### Gefeiert und bedroht

Paradoxerweise ist Metelkova mesto inzwischen zum slowenischen „Nationalen Kulturerbe“ erklärt, besitzt aber immer noch keinen offiziellen Genehmigungsstatus. International wie national von Presse und TV gefeiert, müssen die Organisatoren praktisch jeden Augenblick damit rechnen, dass das Gelände geräumt wird. Übrigens: Nicht nur das Areal, auch dessen Verwaltung gilt als vorbildlich. Beschlüsse fassen alle Beteiligten in einem demokratischen Prozess. Also nichts wie hin!

**Wo?**

Metelkova mesto, Metelkova ulica 10, 1000 Ljubljana, www.metelkovamesto.org

**Wann?**

Tagsüber eher ruhig. Abends ist immer etwas los.

**Wichtiges**

Auch die drei Museen mit ihrer modernen Ausstellungsgestaltung sind einen Besuch wert.

**»Die „Stadt“ selbst mit ihren Künstlerateliers, Clubs, den von prominenten Street-Artist:innen gestalteten Wänden ist zu einer Sehenswürdigkeit avanciert.«**

5

LJUBLJANA, METELKOVA MESTO

# Eine Nacht im Knast gefällig? In rauen Gemäuern speisen, übernachten und Leute treffen.

Zugegeben, ein Geheimtipp ist das Hostel „Celica" in Ljubljanas Alternativoase Metelkova mesto längst nicht mehr. Lonely Planet wählte es zu dem „hippsten" Hostel der Welt, Medien berichten darüber, die virtuellen Warteschlangen auf einen Platz im Knast sind lang. Natürlich nicht auf einen x-beliebigen in den Mehrbettzimmern. Wenn, dann muss es schon eine Pritsche in den (komfortabel umgebauten) 20 Originalzellen des Gefängnisses sein. Mit Gitter vor Fenster und Türe.

**Alternatives Flair Fehlanzeige**

Diese Zellen wurden 2018 von internationalen Künstlern eingerichtet – es gibt eine finnische, eine deutsche, italienische, irische und natürlich auch mehrere slowenische Zellen in sehr minimalistischem und zugleich sehr schickem Design. Das Gitter vor der Türe ist da nur noch ein nostalgisches Accessoire, das gesamte Ambiente gleicht eher einem Boutique-Hotel als einer Jugendherberge. Das war nicht immer so. Als die Organisation Souhostel das marode Gefängnis im besetzten Kulturareal Metelkova übernahm und es 2003 ebenfalls von namhaften Künstlern gestalten ließ, war das Hostel Celica noch Teil des alternativen Kulturprogramms und -anspruches der Initiative Metelkova mesto. Doch der nach außen sichtbare Erfolg hielt nicht mit den finanziellen Verpflichtungen Schritt – alleine 79.000 € Miete waren an die Stadt Ljubljana jährlich zu entrichten. Das war bei Übernachtungspreisen von 17 € pro Bett schwer zu erwirtschaften. Souhostel ging in Insolvenz und das alternative Projekt avancierte zum Mainstream-Aushängeschild des touristischen Ljubljana.

**International einsitzen**

Den Bewohnern der Zellen 109 (Italien), 107 (Russland) oder 104 (Slowenien) dürfte das ziemlich egal sein. Ungewöhnlicher, da hat Lonely Planet recht, kann man nicht übernachten. Ein orientalisches Café, ein slowenisches Restaurant und eine ecuadorianische Bar sorgen für internationales Flair. Und die Clubs von Metelkova mesto sind ja gleich nebenan.

**Wo?**

Hostel Celica, Metelkova ulica 8, 1000 Ljubljana, Tel. +386 123097 00, www.hostelcelica.com

**Wann?**

Das ganze Jahr und 24 Std./Tag geöffnet

**Wichtiges**

Gefängniszellen rechtzeitig buchen

# Das tiefe Blau. Kunst und Wissenschaft – mit Nutzen für Mensch und Umwelt.

Für das strahlendste Himmelblau wird Ljubljana sicherlich nie den Zuschlag bekommen – der steht seit Jahren Rio de Janeiro zu. Aber eine der wenigen Städte zu sein, die ein Cyanometer besitzen, das zugleich als Kunstskulptur gelten kann, darauf kann Ljubljana stolz sein. Das Objekt, das Kunst und Wissenschaft in seinem bläulich glänzenden Metallkorpus vereint, steht auf dem Platz Ajdovščina in Ljubljanas Fußgängerzone. Installiert hat es der Künstler Martin Bricelj Baraga 2016, als Ljubljana als Europas „Green Capital" fungierte.

**53 Töne – ein Blau**

Das Cyanometer zur Messung des Himmelblaus erfand Horace-Bénédict de Saussure Ende des 18. Jahrhunderts. Er wollte damit das Wetter vorhersagen, denn je mehr Feuchtigkeit sich in der Luft anreichert, desto trüber wirkt der Himmel. Alexander von Humboldt soll sich auf seiner Südamerikareise eines Cyanometers bedient haben. Heute dient dieses Instrument, das mit 53 möglichen Blauschattierungen arbeitet, eher der Analyse der Luftbelastung durch Staub und Abgase. Je blauer der Himmel, je klarer die Sicht, desto sauberer die Luft. Nach diesem Prinzip funktioniert auch das durch Solarzellen gespeiste Cyanometer in Ljubljana. Aber Baraga hat noch einen kleinen Twist hinzugefügt: Die gemessene Intensität spiegelt das Gerät in seiner Metallhülle – so blau der Himmel, so blau der Cyano, wie er liebevoll genannt wird.

**Reine Luft, strahlendes Blau**

Tatsächlich misst die drei Meter hohe Stele den Grad an Luftverschmutzung an diesem zentralen Platz und meldet das an die ARSO, Sloweniens Umweltbehörde. Technisch läuft es folgendermaßen ab: Das Gerät macht in regelmäßigen Abständen Aufnahmen des Himmels und sendet sie an eine Website, auf der das Blau dann mit den möglichen Schattierungen verglichen und die Belastung durch Feuchtigkeits- und andere Partikel gemessen wird. Das Ergebnis bildet das Cyanometer in seinem Display ab – und indem es die Farbe entsprechend wechselt. Eine charmante Art, den Hauptstädtern zu sagen, Leute passt auf, die Luft ist echt belastet! Und da Ljubljana nicht nur mit dieser Initiative am Image einer „grünen Stadt" arbeitet, wird das Cyanometer sicherlich bald nur noch strahlendblau leuchten.

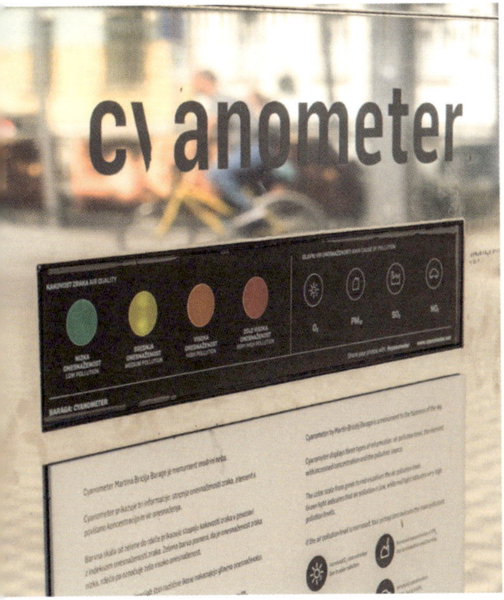

**Wo?**

Slovenska cesta 41 (trg Ajdovščina), 1000 Ljubljana

**Wann?**

Am interessantesten bei schönem Wetter und blauem Himmel

**Wichtiges**

Der Platz galt lange als einer der verkehrsreichsten Ljubljanas; heute ist er fast komplett eine Fußgängerzone.

# Der Wolkenkratzer. Klassische Architektur, zeitgeistiger Prunk und Traumpanorama.

Als der Bau 1933 der Öffentlichkeit übergeben wurde, hielten sich Begeisterung und Protest die Waage. Protest dagegen, dass der *Nebotičnik* (Wolkenkratzer) mit seinen 70,35 m Höhe die barocken Glockentürme der nahen Kirche Mariä Verkündigung überragte. Begeisterung über das technisch hochmoderne, amerikanischen Vorbildern nacheifernde *signature building,* das höchste Gebäude Jugoslawiens und neunthöchste in Europa. Begeisterung auch über die Sicherheit im immer wieder von Erdstößen gebeutelten Ljubljana, denn der Nebotičnik wurde nach strengsten japanischen Kriterien erdbebensicher mit bis zu 18 Metern unter Bodenniveau reichenden Säulen verankert. Und, nicht zuletzt, über die perfekte Fassade im Stil von Neo-Klassizismus und Art déco, die eine vier Meter hohe Monumentalstatue einer Heroine des Bildhauers Lojze Dolinar schmückt.

**Aperitif mit Fernblick**

Oben auf der Café-Terrasse untermalen Lounge-Klänge das stetige Rauschen des Hauptstadtverkehrs. Der Blick ist unglaublich, über Ljubljana bis zu den Karawanken (an klaren Tagen) und über die Ljubljanica zum Burgberg. Bei der Eröffnung des ebenfalls nach amerikanischem Vorbild eingerichteten Kaffeehauses waren die Wände mit Marmor aus dem Karst vertäfelt, die blaue Decke schmückten Ornamente in Gold. Heute ist das Ganze naturgemäß prosaischer. Dafür kehren hier nicht die vornehmen Damen der besseren Gesellschaft ein, sondern die hippe Jugend.

**Hinter verschlossenen Türen**

Wer es sich konditionell zutraut, benutze nicht den imposanten Lift – bei der Eröffnung eine Sensation –, sondern folge der von Architekt Vladimir Šubic ebenso dekorativ wie genial bis zum Dachterrassencafé im zwölften Stock geführten Spiraltreppe. Sie führt vorbei an monumentalen Wohnungstüren, hinter denen Büros, angeblich aber auch Privatwohnungen, liegen. Da möchte man Mäuschen spielen und sehen, wer in so einem Gebäude lebt! Oben erwartet den Gast ein elegantes Restaurant, eine Bar mit roten Ledersesseln und besagtes Café mit Terrasse. Und das wundervolle Panorama.

**Wo?**

Štefanova ulica 1, 1000 Ljubljana, Tel. +386 40233078, www.neboticnik.si

**Wann?**

Kernzeiten Mo 9–22 Uhr, Di–Sa 9–24 Uhr, So 12–22 Uhr, Club länger

**Wichtiges**

Meist hat das Personal nichts dagegen, wenn man nur für einen schnellen Rundumblick auf die Terrasse kommt. Obwohl ein Getränk nach dem Aufstieg sicher guttut.

# Die Bar am Hafen. Chillen, feiern und genießen in Plečnik-Architektur.

Da an vielen, auch schon erwähnten Orten in Ljubljana der Name Jože Plečnik bedeutsam ist, hier eine kurze Einführung: Der 1872 in Ljubljana (damals Laibach) geborene Architekt studierte bei Otto Wagner, dem Doyen des sich gerade entwickelnden Jugendstils, in Wien und übernahm nach einigen Arbeiten 1920 dort den Umbau der Prager Burg Hradschin. Ab 1925 verfolgte er konsequent die architektonische Umgestaltung seiner vom Erdbeben gezeichneten Geburtsstadt Ljubljana. Daneben entwarf er Möbel, Leuchten, Kirchenausstattung, ja sogar einen ganzen Friedhof. Seine Arbeiten lassen sich in kein Stilraster zwängen. Sie sind *typisch Plečnik* und leicht wiederzuerkennen, sobald man seine Handschrift kennt.

**Das Ufer als Kunstwerk**

Aber nun zur Ljubljanica und dem hier vorgesehenen Hafen, dessen Ausgestaltung, wie die der nahezu gesamten innerstädtischen Uferbebauung, Plečnik übernahm. Mit dem *Tromostovje* (Dreibrücken) hatte er 1930/31 bereits ein erstes Ausrufezeichen gesetzt; nun machte er sich an die Flussufer und den unterhalb der Dreibrücken geplanten Bootshafen. Wie immer zauberte er mit Anlehnung an die Antike klare Linien. Zum „Hafen" führte er eine repräsentative, spiralförmige Treppe, die unterhalb des Straßenniveaus und wenig über dem Fluss in Arkaden mündete. Im Grunde war das ein Entrée für einen Repräsentationsraum, doch erst in den 1970er-Jahren kam die Stadt auf die Idee, das Ensemble gastronomisch zu nutzen.

**Der Standort ist der Star**

Hier residiert Makalonca, Ljubljanas angesagte Burger-Bar. Vor den Arkaden, entlang derer sich die Tische aneinanderreihen, sind Holzplattformen direkt auf dem Wasser vertäut. Näher kommt man der Ljubljanica selten. Das Publikum ist bunt gemischt, aber eher jünger, manchmal beschallen DJs die Bar (und die Ufer) mit House- oder Ambient-Sounds, die Burger sind OK. Wer hier einen Platz ergattert, will vor allem gucken, was am Ufer gegenüber passiert und wer eine gute Figur macht auf den vorbeigleitenden SUPs oder im Kajak. Und das eigens für die Makalonca gebraute Craftbeer genießen.

**Wo?**

Makalonca Bar&Burger, Hribarjevo nabrežje 19, 1000 Ljubljana, Tel. +386 41949747, auf Facebook: Makalonca Ljubljana

**Wann?**

Tgl. 8–3 Uhr

**Wichtiges**

Mit Frühstück in der Bar und diesem Ausblick in den Tag starten

# Treffpunkt beim Dichter – magische Linien, Liebesschwüre, Lebensfreude.

Wenn in Ljubljana irgendwas los ist, wenn gefeiert wird oder auch demonstriert, ist der zentrale Treffpunkt fast immer der Prešeren-Platz, *Prešernov trg*. Er bildet das Bindeglied zwischen dem mittelalterlichen Ljubljana jenseits der Ljubljanica und dem neuzeitlichen Ljubljana nördlich des Flusses. Der Platz wurde nach einem verheerenden Erdbeben 1895 von namhaften Architekten der Wiener Sezession neu geplant und errichtet. Deshalb sind rund um ihn neben der barocken Marienkirche auch erstaunliche Beispiele der Jugendstil- und Art Nouveau-Architektur versammelt. Sechs Straßen gehen von diesem verkehrsberuhigten Ort aus. Über die Ljubljanica führt das eigenwillige Brückenensemble von Jože Plečnik, *Tromostovje* (Dreibrücken). Nicht mehr Jugendstil, noch nicht Modernismus, Plečnik eben.

## Wo Kraftlinien kreuzen

Die von jeher an geheimnisvolle Kräfte glaubenden Slowenen sind überzeugt, dass sich am Prešernov trg zwei mächtige Kraftlinien kreuzen. Eine, die von Südwest nach Nordost durch das Zentrum führt, und eine zweite, die von Nordwesten durch die Čopova ulica verlaufend den Platz überquert und weiter südöstlich auf den Burgberg zusteuert. Als Symbol dieses Kraftzentrums im christlichen Gewand wird die Kirche Mariä Verkündigung angesehen. Am Kreuzungspunkt erhebt sich ein 1905 zu Ehren des Nationaldichters France Prešeren (1800–1849) errichtetes Denkmal. Der Dichter wirft sehnsuchtsvolle Blicke auf seine angebetete Julija Primic, deren Konterfei als Halbrelief vom Eckhaus an der Wolfova ulica schaut.

## Vorhang auf und Action!

Obwohl Prešerens Liebe zu Julija unerfüllt blieb (und sie sich gerne über ihn mokierte), gilt der Platz als der vielversprechendste Treffpunkt für Paare und solche, die es vielleicht gerne werden würden. Aber auch sonst ist immer etwas los. Rollerblader schätzen den glatten Bodenbelag, Kinder spielen fangen, und fast immer nutzt ein Telekommunikationsunternehmen die freie Fläche als Aquisitionsbühne. Straßenmusiker sorgen für die musikalische Untermalung. Es ist also sehr entspannt am Prešernov trg.

**Wo?**
Ljubljana Zentrum

**Wann?**
Zu jeder Tages- und Nachtzeit

**Wichtiges**
Nicht nur das bunte Treiben, sondern auch die Fassaden beachten!

# Wildwuchs im Zentrum. Die Trubarjeva cesta als Nische alternativer Kultur.

Wenn Ljubljana eines vorzuwerfen ist, dann, dass die Stadt in atemberaubender Geschwindigkeit ein sehr gefälliges Gesicht aufgesetzt hat. Allerorten wurde und wird renoviert, Plečniks weiße Tempel aufpoliert, behäbige Barockfassaden von Abgasen und Schmutz befreit, Jugendstilschnörkel zur Geltung gebracht. So hat sich die Altstadt binnen weniger Jahre in ein Schmuckstück verwandelt, das manchmal etwas glatt daherkommt.

**Vorstadtflair mit Graffiti**

Aber es gibt es noch, das andere Ljubljana, und das direkt im Zentrum. Parallel zur eleganten Uferpromenade entlang der Ljubljanica verläuft die Trubarjeva cesta, in der man sich plötzlich in einem herberen, ein bisschen anarchischen und Hochglanzästhetik meidenden Ljubljana wiederfindet. Die Fassaden bröckeln, Street-Artist:innen haben sich an den Wänden ausgetobt, die meisten Häuser sind niedrig mit nur einem Stockwerk, als sei man in der Vorstadt gelandet. Benannt ist die Trubarjeva cesta nach Primož Trubar, der im 16. Jh. Luthers Lehren in Slowenien verbreitete und einen Katechismus in slowenischer Sprache verfasste.

**Im Zeichen des Regenschirms**

Natürlich sind mittlerweile viele der traditionellen Läden zeitgeistigen E-Zigaretten- oder Unterwäsche-Shops gewichen, aber es gibt noch Schätze wie „Dežnik", einen Familienbetrieb, der Regenschirme repariert (Nr. 13) und das Einkommen mit Zimmervermietung aufbessert. Oder den Plattenladen „Jazz & Blues" (Nr. 41) mit wirklich erstaunlichem Sortiment. In Traditionskneipen wie dem „Mačkon" (Nr. 44) werden Craft- und Kultbiere ausgeschenkt. Jüngere, aber zur Straße passende Zuwächse gibt es auch: „Obsession" (Nr. 34), Treffpunkt der Skater-Szene, oder Abi FalaFel (Nr. 40), Ljubljanas erstes arabisches Restaurant. Dagegen sieht der stylische Salon von „Stevo Hair Identity" (Nr. 44) wie ein Fremdkörper aus, aber er verkörpert wahrscheinlich die nahe Zukunft der Straße.

**Wo?**
Trubarjeva cesta, 1000 Ljubljana, zwischen dem Platz Prešernov trg und Roška cesta

**Wann?**
Am späten Nachmittag und Abend

**Wichtiges**
Freunde der Trubarjeva informieren auf www.facebook.com/trubarjeva darüber, was gerade so los ist.

# Der Mythos vom Drachentöter: Wo Jason und die Argonauten strandeten …

… nämlich nach langer Fahrt die Donau und Save flussaufwärts in Ljubljana, das damals noch keine Stadt war, sondern ein Moor, in dem eine Quelle sprudelte. Auf deren Wasser hatten es die Neuankömmlinge abgesehen, doch sie wurde von einem furchtbaren Drachen bewacht. Jason machte kurzen Prozess, tötete den Drachen, und die Gefährten konnten trinken und weiterziehen in Richtung Adria.

**Vier Drachen für den Kaiser …**

Wie dieses Monster zum Wappentier Ljubljanas avancierte, lässt sich nicht nachvollziehen, aber heute ist „Ljubo" in diversen, nicht immer geschmackssicheren Ausführungen omnipräsent. Geschmackssicher und mit vier Metern Höhe (samt Sockel) sehr eindrucksvoll ist hingegen eine der frühesten Darstellungen des feuerspeienden Maskottchens auf der Drachenbrücke, *Zmajski most,* über die Ljubljanica. Perfekter Jugendstil, gegossen in Kupferblech und das gleich vierfach. Die Betonbrücke verdankt ihre Existenz dem 40-jährigen Thronjubiläum des Kaisers Franz Joseph 1888, wurde aber erst 1901 viel zu spät fertig. Danach benannt wurde sie trotzdem, erst später bürgerte sich der Name Drachenbrücke ein. Warum Architekt Jurij Zaninović, auch er wie sein Zeitgenosse Jože Plečnik ein Schüler Otto Wagners, die ursprünglich vorgesehenen vier geflügelten Löwen, Franz Josephs Wappentiere, durch Drachen ersetzte, ist nicht überliefert. Die technische Konstruktion plante übrigens Joseph Melan, der Erfinder der Melan-Bauweise von Bogenbrücken aus Stahlbeton.

**… aber keine Liebesschlösser**

Die Planänderung hatte nachhaltig Erfolg, denn ein Foto mit den Drachen zählt zu den Must-dos auf der Liste für tolle Fotospots in Sloweniens Hauptstadt. Was Zaninović nicht ahnen konnte: Die elegant geschwungene Betonbrücke eignet sich nicht für das Aufhängen von Liebesschlössern. Dafür gibt es seit 2010 die moderne Nachbarbrücke Mesarski most. Wenn sie denn nicht einstürzt unter all dem Gewicht der gelobten ewigen Liebe.

**Wo?**

An der Ljubljanica zwischen Resljeva cesta und Kopitarjeva ulica

**Wann?**

Zu jeder Tages- und Nachtzeit

**Wichtiges**

Nicht auf die Drachen klettern!

# Foodies aufgepasst! Am Freitag duftet Ljubljana nach den Aromen der Welt.

Jeden Freitag im Sommerhalbjahr zwischen Mai und Oktober öffnen sich in Ljubljana die Türen angesagter, aufstrebender und traditioneller Bio-Küchen. Köche aus ganz Slowenien bauen ihre Food-Stände auf den hübschen Platz zwischen den Plečnik-Marktarkaden und dem Dom an der Ljubljanica auf und brutzeln, grillen, kochen um die Wette. Es gibt keine bessere Gelegenheit, die vielen regionalen Spezialitäten kennenzulernen, neue slowenische Küche der Sternerestaurants zu probieren oder sich einmal an etwas Ungewöhnliches wie Pferde-Burger zu wagen, als das Food-Event *Odprta kuhna*.

### Die Großen und Kleinen der Szene

Vertreten sind viele kleine Startups, aber auch immer mal wieder die Großen der kulinarischen Szene Sloweniens wie Luka Košir vom Gourmet-Restaurant Gostišče Grič: Der Jungspund und Senkrechtstarter zaubert Köstlichkeiten aus der eigenen Bio-Enten-Zucht. Eine Kostprobe davon bringt er mit nach Ljubljana. Auch Hiša Franko aus Kobarid, deren Chefin Ana Roš international als eine der innovativsten Küchenkünstlerinnen gefeiert wird, ist regelmäßig dabei. Statt eines Sechs-Gänge-Menüs eine Wildbirne mit Scampi von Ana Roš auf die Hand – das gibt es nur bei diesem Food Market. Alternativ wären da vegane Burger am Stand von Organic Garden im Angebot oder frisch frittierte *flancati,* ein knuspriges Faschingsgebäck der Gostilna Mihovec. Oft spielen lokale Bands alles von Oberkrainer-Folklore bis House, und natürlich ist auch die vielfältige Craft-Beer-Szene der slowenischen Hauptstadt gut auf der *Odprta kuhna,* der offenen Küche, vertreten.

### Siesta am Fluss

Steht der Sinn, wenn alles Interessante verkostet ist, nach etwas Ruhe? An der Ljubljanica flussabwärts, südlich der Brücke Šentjakovski most, spielt der Wind in den Weiden, Kanuten paddeln vorbei, und auf den eigens dafür angelegten Steinstufen am Flussufer lässt sich der Nachmittag satt und selig wunderbar vertrödeln.

**Wo?**

Odprta kuhna auf dem Pogačarjev trg, zwischen Dom und Ljubljanica

**Wann?**

Mai–Okt., jeden Freitag (außer bei schlechtem Wetter) von 10 bis 22 Uhr

**Wichtiges**

Termine, Anbieter und zusätzliche Food-Events wie etwa ein „Burgerfest" auf www.odprtakuhna.si

# Auf zur Großstadt-Safari! Ein Tag im charmantesten Wohnzimmer der Hauptstadt.

Leider konnten die Autoren nicht in Erfahrung bringen, warum eine der beliebtesten Kneipen Ljubljanas „Daktari“ heißt – gab es da nicht mal eine Fernsehserie gleichen Namens zu Beginn der 1970er-Jahre um einen Urwaldarzt in Afrika?

**Vom Eisbrecher zu Blue Notes**

Mit Urwald hat dieses gemütliche Wohnzimmer slowenischer Intellektueller im Kellergeschoss nichts gemein. Die Wände sind mit vollgestopften Bücherregalen tapeziert, Sessel, Stühle und Tische haben die Macher wohl gleich um die Ecke auf dem Flohmarkt erworben und die schummerigen Lampen auch. Tagsüber wagt sich die Kneipe in die Sonne und breitet sich auf dem hübschen Krekov trg aus, gleich neben der Standseilbahn zur Burg, gegenüber dem Marionettentheater, wenige Schritte vom Markt und von der Ljubljanica entfernt. Dann fungiert sie als Frühstückscafé, Eisdiele oder Treffpunkt der Marktbesucher. Abends wechselt das Publikum: Je nach Programm, es gibt Lesungen und Konzerte, kommen literarisch Interessierte, Jazz- oder Indiefans, manchmal sogar Klassikhörer, immer aber alle Altersgruppen. Weil so eine In-Kneipe natürlich auch Entsprechendes ausschenken muss, stehen Craftbiere ganz oben auf der Getränkekarte – *Human Fish* aus Slowenien kann man hier beispielsweise verkosten. Aber auch „normales“ *Union* oder *Laško* oder gar *Münchner Augustiner.*

**Daktari heilt alles**

Wie und wer auch immer, die Stimmung ist ungemein offen und entspannt. Und dann kommt sie doch noch, die Assoziation zum Namen Daktari. In Ostafrikas Verkehrssprache Swahili bedeutet er Heiler, Arzt. Und tatsächlich, Ljubljanas Daktari heilt Einsamkeit, Stress, Langeweile, Überdruss, vielleicht auch nur müde Beine nach dem City-Bummel. Man muss ihm nur vertrauen.

**Wo?**

Daktari, Krekov trg 7,
1000 Ljubljana, Tel. +386 59 055538, www.daktari.si

**Wann?**

Mo–Sa 8–1 Uhr, So 9–24 Uhr

**Wichtiges**

Mittags um Punkt 12 Uhr erscheint am Türmchen des Marionettentheaters gegenüber eine berühmte Sagengestalt, Martin Krpan, mit seinem Mini-Pferdchen.

# Im Wurst-Himmel: Auf den Spuren der Kranjska klobasa durch Sloweniens Hauptstadt.

Die Liste der Zutaten liest sich so: etwa 75 % Schweinefleisch, rund 20 % Speck, Salz, Pfeffer, Knoblauch und höchstens 5 % Wasser werden zu einem Brät verarbeitet, in Därme gefüllt, mittels Holzstäbchen zu Paaren gesteckt und über Buchenholz geräuchert. Traditionell wird die Wurst aufgebrüht; es gibt aber auch Liebhaber, die sie auf den Grill legen.

**Krainer Wurst als Politikum**

Diese Zubereitung geht laut dem 2012 erfolgten Eintrag in das Verzeichnis des slowenischen immateriellen Kulturguts auf 1869 zurück. Aus diesem Jahr datiert die erste in einem Kochbuch gefasste Anleitung der Herstellung von Würsten; 1912 werden sie erstmals Krainer Würste (nach der Stadt Kranj) genannt. Und eine letzte Zahl: 2015 schützte die EU den Begriff *Kranjska klobasa* (Krainer Wurst) als geografische Ursprungsbezeichnung. Nur slowenische Würste dürfen diesen Namen tragen. Nun werden diese und ähnliche Würste auch in den Nachbarländern hergestellt … in Kroatien, in Ungarn, in Österreich. Den Kroaten gewährte die EU eine Übergangsfrist bis 2030, innerhalb der die geschützte Bezeichnung von ihren Wurstetiketten zu verschwinden hat. Heftige Polemik auf beiden Seiten der kroatisch-slowenischen Grenze ging dieser Entscheidung voraus und ist bis heute nicht abgeebbt.

**Wurst vom Uhrmacher**

Zurück nach Slowenien, genauer nach Ljubljana: Das Reklameschild mit einer Riesen-Krainer Wurst ist ebenso wenig zu übersehen wie der Duft nicht zu bemerken ist, der aus der „Klobasarna“ am Ciril-Metodov trg gegenüber dem Dom weht. Hier gibt es nichts Anderes als – ja richtig – *klobasa,* Wurst. Natürlich Krainer Wurst vom vielfach prämierten slowenischen Metzger Arvaj. Pur mit Senf, Meerrettich *(hren)* und einer Semmel serviert. Stanislav Logar, der Inhaber dieses traditionellen Fast-Food-Lokals, hat übrigens nicht Metzger, sondern Uhrmacher gelernt. Als sich das nicht mehr lohnte, eröffnete er in den Miniräumen seinen Wurstladen. Mit Riesenerfolg.

**Wo?**
Klobasarna, Ciril-Metodov trg 15, 1000 Ljubljana Tel. +386 51 605017, www.klobasarna.si

**Wann?**
Mo–Sa 11–21 Uhr, So bis 16 Uhr

**Wichtiges**
Es gibt auch halbe Portionen – für den ersten Eindruck durchaus ausreichend!

# Studieren im Denkmal: Die Universitätsbibliothek als Tempel der Wissenschaft.

In Slowenien, insbesondere in Ljubljana, kommt man einfach nicht am berühmten Architekten Jože Plečnik vorbei. Er hat die Hauptstadt zwischen 1930 und 1957 mit seiner eigenwilligen Formensprache neu gestaltet, und die Universitätsbibliothek ist nach Meinung Vieler sein Meisterwerk.

**Regional! Kreativ! Plečnik!**

Die Pläne zeichnete Plečnik bereits 1930/31; von 1936 bis 1941 dauerte der eigentliche Bau. Vorbild war die Architektur der Renaissance mit ihren klaren Linien, aber Plečnik umhüllte sie mit einem neuen Gewand: Abwechselnd eingesetzte Ziegel und Naturstein lassen die Fassade erscheinen, als sei sie ein kunstvolles Gewebe. Vom Haupteingang führt eine Treppe durch fast schwarze Porphyrwände in die erste Etage mit sonnendurchfluteter Galerie und Lesesaal, symbolisch also durch die Dunkelheit des Nicht-Wissens in das Licht der Erkenntnis. Übrigens: Alle verwendeten Materialien stammten aus Slowenien.

**Symbolik bis ins kleinste Detail**

Der Lesesaal bildet das Prunk- und Herzstück dieses Baus: Licht erhält er durch riesige Fensterfronten und drei mächtige Lüster, die Plečnik selbst entwarf, ebenso wie Arbeitstische, Stühle und Schreibtischlampen. Es ist ein ebenso eigenwilliges wie selbstbewusstes Vermächtnis, das der Architekt seiner Mutterstadt hinterließ und heute, wie seine anderen Arbeiten in Ljubljana, UNESCO-Weltkulturerbe. Jahrelang war dieses Meisterwerk den Augen normaler Besucher versperrt – schließlich wird in den altehrwürdigen Räumen ernsthaft studiert, und da sollte niemand stören. Die Autoren dieses Bandes erinnern sich gut an die vielen Male, in denen sie sich ungesehen an der Pforte vorbei- und die Treppe hinaufschlichen, um einen Blick in die heilige Halle zu werfen – nur um prompt erwischt und zurechtgewiesen zu werden. Heute gibt es offizielle Besuchszeiten und Führungen, und wer noch etwas mehr Plečnik sucht, lässt sich im Bibliothekscafé im Innenhof nieder, natürlich ebenfalls entworfen vom Meister.

**Wo?**

NUK (Narodna in univerzitetna knjižnica), Turjaška ulica 1, 1000 Ljubljana, Tel. +386 12001209, www.nuk.uni-lj.si

**Wann?**

Mo–Fr 10–18 Uhr, Sa 14.30–18 Uhr, Besichtigung der Treppe und der Galerie sowie des Cafés möglich. Führung im Lesesaal nur Sa 14.30–18 Uhr nach vorheriger Anmeldung unter dogodki@nuk.uni-lj.si.

**Wichtiges**

Das NUK-Café im Erdgeschoss nicht verpassen!

# Immer dem Flüsschen nach. Mal mondän, mal ländlich, immer entspannt.

Ljuba, Geliebte, oder ljubezen, Liebe, stecken im Namen Ljubljanas und des Flusses Ljubljanica, der in einem kecken Bogen um den Burgberg fließt. Plečnik (schon wieder!) verpasste dem Flüsschen ein enges und hohes Korsett, weil es allzu gerne über die Ufer trat – und weil der Meisterarchitekt auch hier kreativ tätig sein wollte. An den Ljubljanica-Ufern kam er seiner städtebaulichen Vision ein gutes Stück näher.

**Der Wind in den Weiden**

Aber nicht deshalb lohnt ein Spaziergang, etwa von den „Dreibrücken", *Tromostovje,* flussaufwärts, sondern weil sich entlang der Ufer ganz unterschiedliche Gesichter Ljubljanas manifestieren. Zunächst mit Cafés, Boutiquen und Ständen mit Schmuck und Tand. Ab der Schusterbrücke *Čevlarski most* wechselt die Szenerie: Die Bebauung weicht einem schmalen Grünstreifen, und das Ljubljana auf der gegenüberliegenden Flussseite sieht plötzlich aus wie ein Dorf. Übrigens auch diesseits: Wer ein paar Schritte in die Krakovska ulica vom Fluss weg abbiegt, steht plötzlich inmitten von Gärten mit Gemüse und Kartoffeln. Die Bauern, die hier pflanzen, verkaufen ihre ganz und gar regionalen Produkte auf Ljubljanas Markt. Ein Stück weiter mündet der Gradaščica-Kanal in die Ljubljanica. Die Straße entlang des Flussufers heißt nun *Trnovski pristan,* „Hafen von Trnovo", benannt nach dem Stadtteil Trnovo, der hier angrenzt. Heute legen keine Schiffe mehr an, aber die Stufen hinunter zum Wasser, die Plečnik errichten (und die Weiden pflanzen) ließ, laden ein zum Verweilen. Es ist einer der Lieblingsorte junger Leute, die sich an diesen stillen, vom Rauschen der Weiden und Plätschern des Flusses orchestrierten Abschnitt des Flusses zurückziehen, um zu lesen oder Siesta zu halten. Abends kann es allerdings recht laut werden. Ein Relikt des „Hafens" sind ein paar Hausboote, die als beliebte Party-Location fungieren.

**Kuchen gefällig?**

Wie weit man dem Fluss folgen möchte, sei jedem selbst überlassen, nur ein Tipp: An der Brücke Prulski most empfiehlt es sich, auf die andere Seite zu wechseln und der Ljubljanica bis zur *Špica* zu folgen. An dieser „Spitze" nämlich, die früher ein beliebtes Flussbad beherbergte, wartet ein nettes Café mit köstlichem Kuchen – ein schöner Abschluss!

**Wo?**
Am Ljubljanica-Fluss zwischen Tromostovje und Prulski most

**Wann?**
An einem lauen Sommertag – aber auch bei Nebel reizvoll

**Wichtiges**
Špica Caffe, Gruberjevo nabrežje, 1000 Ljubljana, https://kaval-group.si/spica-kavarnica, tgl. 10–18 Uhr

# Geschichte, Grusel, Gänsehaut – ein Besuch der Kleinen Burg über Kamnik.

Kamnik am Fuß der Steiner Alpen (Kamniške Alpe) zählt zu den historischen Städten Sloweniens, die gerne übersehen werden. Denn jeder, der auf das Tal der Kamniška Bistrica zufährt, das tief in die Bergwelt greift, sieht die schroffen Felsriesen und will nur noch eins: möglichst nah an diese Berge heran oder gar auf sie hinauf.

### Bummel durch die Puppenstube

Immer mit der Ruhe, dafür ist später noch Zeit! Erstmal haltmachen in Kamnik, nahe dem Zentrum parken und durch die Šutna-Straße promenieren, vorbei an niedrigen Häuschen aus Barock und Renaissance, einige noch geschmückt mit historischen Zunftzeichen. Seit dem 11. Jh. bezeugt, gehörte Kamnik den Grafen von Andechs – einem bayerischen Geschlecht, das im heutigen Slowenien und Istrien große Besitzungen hatte. Ob sie auch die erste Burg errichteten? Die Quellen sagen nichts darüber, aber im selben Jahrhundert thronte eine Feste auf dem Felssporn, der sich mitten im Zentrum mit nahezu senkrechten Wänden über die Altstadt erhob.

### Spukgeschichten

Von diesem *Mali grad* (kleine Burg) genannten Bau sind nur einige Mauerfundamente und ein (über-)restaurierter Wachturm erhalten. Das Interessante hier oben ist die Kapelle. Sie besitzt drei Etagen: ganz unten die Krypta, darüber ein der hl. Marjeta geweihtes Gotteshaus aus dem 11. Jh., und diesem aufgesetzt eine weitere, im 13. Jh. erbaute Kapelle für den hl. Eligius. Es ist eines der ältesten kirchlichen Bauensembles Sloweniens! Allein das romanische Portal von Sv. Marjeta ist von phänomenaler Schlichtheit und Schönheit. In der Krypta treibt die geizige Burggräfin Veronika ihr Unwesen. Als Priester bei ihr um einen kleinen Obolus baten, wies sie sie mit den Worten ab, lieber verwandle sie sich in eine Schlange. Ein Blitz schlug ein und Veronika, nun halb Schlange, halb Frau, war zu ewiger Verdammnis verurteilt. Archäologen haben auf dem Fels Spuren eines älteren, slawischen Heiligtums entdeckt. Eine einäugige Gottheit sei hier verehrt worden. Nachts meide man besser die Kapelle, einäugige Gottheiten und Schlangenfrauen können ganz schön rachsüchtig sein.

**Wo?**
Mali grad, Kapelle Sv. Marjeta, Parmova ulica 8,1241 Kamnik

**Wann?**
Von Montag bis Freitag, Wochenenden lieber meiden

**Wichtiges**
Schlüssel für die Kapelle bei der Touristinfo erbitten (Glavni trg 2, Tel. +386 18318250, www.visitkamnik.com).

# Rinder, Hirten und die schönste Alm Sloweniens – Ausflug auf die Velika Planina.

Schon fast am Talschluss des schmalen Tals der Kamniška Bistrica schwingt sich eine Seilbahn auf die zwischen 1300 und 1600 m hoch gelegene *Velika Planina,* die „Große Alm". Vom Endpunkt der Kabinenbahn wandert man eine halbe Stunde die letzten Höhenmeter bergauf, bevor die Siedlung in Sicht kommt. Tatsächlich, Velika Planina ist eine Siedlung, bestehend aus 200 Hütten. Umgeben von den Felspyramiden der höchsten Gipfel der Kamniške Alpe ist sie mit einem einzigartigen Panorama gesegnet, das an klaren Tagen bis Ljubljana reicht. Und eine Vielzahl von Wanderwegen und Klettersteigen durch die Kamniške Alpe nehmen hier ihren Ausgang.

**Das Dorf auf dem Plateau**

Die Hütten der Velika Planina besitzen eine ungewöhnliche Architektur: Auf ovalem Grundriss und mit zeltförmigem Schindeldach, das bis zum Boden reicht, bestehen sie aus einer in der Mitte eingerichteten Küche mit offenem Kamin. Der Schlafplatz befindet sich gut gewärmt direkt darüber. Im Oval um die Küche stehen nachts die Rinder. Seit dem 16. Jh. betreiben die Talbauern diese Form der Wanderweidewirtschaft und schicken Hirten mit den Herden zwischen Juni und September auf die große Alm. Sie versorgen die Tiere und stellen den berühmten und nun auch EU-konform geschützten Käse *Trnič* her. Heute werden nur noch 63 der 200 Hütten traditionell genutzt, der Rest fungiert als Ferienhäuschen. Almauf- und -abtrieb sind aufwändig und Hirten kaum noch zu finden.

**Original oder Kopie**

Ganz so traditionell, wie sich das Almdorf gibt, ist es längst nicht mehr: Die ebenfalls mit Schindeln gedeckte Kirche *Marija Snežnja* (Maria Schnee) entwarf Sloweniens allgegenwärtiger Stararchitekt Jože Plečnik im Jahr 1938, 1944 brannten deutsche Truppen das Kirchlein und die meisten Hütten nieder. 1988 wurde das Ensemble auf Initiative der Hirten wieder aufgebaut.

**Wo?**

Auffahrt mit der Seilbahn, Kamniška Bistrica, 10 km von Kamnik (www.velikaplanina.si), tgl. 8–17/18 Uhr, Wochenende evtl. länger

**Wann?**

Das ganze Jahr über. Zwischen Juni und September Almbetrieb, im Winter beliebtes Skigebiet, außerdem zahlreiche Wandermöglichkeiten

**Wichtiges**

Einkehr: Gostilna Zeleni Rob an den Sesselliften, traditionelle Küche, z. B. Sterz aus Buchweizenmehl mit Sauermilch

# 19 KAMNIŠKA BISTRICA, VELIKA PLANINA

# Filmreif: In dem fotogenen Städtchen atmet jedes Haus Geschichte.

Lust auf einen Sprung ins späte Mittelalter? Die Zeitreise führt über eine Steinbrücke in die Altstadt von Škofja Loka, die im 14./15. Jh. eingefroren erscheint. Was für eine Filmkulisse für historische Filme!

**Rückblende ins Mittelalter**

Der könnte beispielsweise mit der Gründung dieses schmucken Städtchens beginnen. Die wird im 10. Jh. den Bischöfen von Freising zugeschrieben. Ottonen-Kaiser Otto II. schenkte Bischof Abraham von Freising (bei München, also durchaus einige hundert Meilen entfernt) die *loka,* auf Deutsch „Au". Sogar das Datum ist urkundlich verbrieft, der 30. Juni 973. Und mit dieser Schenkung kam auch der Name zustande, Bischoflack (*lack* althochdeutsch für Au), Škofja Loka. Die Freisinger, nicht faul, besiedelten die sehr fruchtbare Au mit deutschen Kolonisten. Die slawischen Bewohner hatten das Nachsehen. 400 Jahre später ist Bischoflack eine rege und wohlhabende Marktgemeinde, in der das deutsche Idiom Vorrang hat vor dem slawischen. Es steht bereits das Schloss, das später von einem Erdbeben zerstört wird. Deshalb kleidet es sich seit der Restaurierung in Renaissance. Am Ufer der Sora beten und gärtnern fromme Damen im Klarissinenkloster, schmucke Häuser mit gotischen Torbögen säumen den lang gezogenen Marktplatz, und das Ganze schützt eine wehrhafte Stadtmauer. Über die Sora schwingt sich die leider sehr schmale, brüstungslose Kapuzinerbrücke, über welche 1371 der Freisinger Fürstbischof Leopold von Sturmberg schreitet. Er strauchelt, stürzt ins Wasser und ertrinkt. Das gibt einen Aufruhr unter den Bewohnern, aber die Freisinger sind geizig – ein Geländer bekommt die Brücke nicht.

**Schnitt ins 21. Jahrhundert**

Hat sich seitdem etwas verändert? Vor dem gotischen Honan-Haus sitzen ein paar Müßiggänger im Gastgarten und knabbern an Lebzelten, einer Art Lebkuchen und Spezialität der Stadt. Gotik, Barock oder Renaissance, wohin man sich auch wendet. Eigentlich müssten die Bewohner verpflichtet sein, sich entsprechend zu kleiden, anstatt in knallbunter Fahrradkleidung ihre Runden zu drehen. Stein gewordene, tausend Jahre alte Geschichte findet man in Škofja Loka wie an keinem anderen Ort in Slowenien. Nur die Brücke hat jetzt ein Geländer, spendiert von den Habsburgern, die Freisings Herrschaft 1803 beendeten.

**Wo?**
4220 Škofja Loka

**Wann?**
Mittelalter live beim Festival Škofja Loka Historial (Anfang Juni)

**Wichtiges**
Škofja Loka Touristinfo, Cankarjev trg 17, 4220 Škofja Loka, Tel. +386 45170600, www.visitskofjaloka.si

# Von Wundern, Türkenkriegen und Märtyrern – und einer grandiosen Bergkulisse.

Was für eine Aussichtsterrasse! Vor einem nach Westen gewandten Höhenrücken in rund 850 m Höhe oberhalb des Dorfes Jamnik und am Ostrand des Javornica-Hochplateaus bauen sich Karawanken und Steiner Alpen *(Kamniške Alpe)* mit imposanter Grandezza vor dem Betrachter auf. Besonders auffällig ist die geradezu perfekte Felspyramide des 2132 m hohen Storžič in den Steiner Alpen. Vor diesem Naturschauspiel reckt ein gotisches Kirchlein seinen Turm in die Höhe.

**Die Wege des Herrn**

Die Legenden erzählen, dass die Bewohner von Jamnik das Gotteshaus Anfang des 15. Jhs. ursprünglich näher am Dorf errichten wollten, doch über Nacht sei das Baumaterial verschwunden und an eben dieser Stelle wieder aufgetaucht. Was nicht nur ein Wunder war, sondern sich als sehr sinnvoll herausstellte, denn der Kirchturm bildete ein wichtiges Glied in einer Kette von Signalstationen, mit denen sich die Orte in der Oberkrain – so hieß damals die Region Gorenjska – vor den anrückenden Osmanen warnten. Jamnik blieb dank seines kirchlichen Wachturms unbehelligt, doch Jahrhunderte später nutzte weder der Ausguck noch der Schutz der beiden Kirchenpatrone – 1944 brannten deutsche Truppen den Ort nieder. Nur die Kirche blieb unversehrt.

**Ein magischer Ort**

Das den heiligen Primus *(Primož)* und Felicianus *(Felicijan)* geweihte Gotteshaus zählt zu den schönsten gotischen Bauernkirchen Sloweniens. Obwohl das 19. Jh. nicht gerade glimpflich mit der historischen Architektur umging, ist der mittelalterliche Kern vor allem im Presbyterium noch gut zu erkennen. Die Fresken stammen wie die meisten Heiligenfiguren aus dem Barock, auch die der beiden Schutzpatrone auf dem Altar. Warum ausgerechnet sie hier zu Ehren kamen, können die Chroniken nicht beantworten. Vielleicht, weil sie unter Kaiser Diokletian wie durch ein Wunder die schrecklichsten Marterqualen durchstanden – ein Symbol für die Standhaftigkeit z.B. gegen die Türken? Dass an diesem herrlichen Aussichtspunkt schon früher Götter verehrt wurden, davon kann man ausgehen. Nicht umsonst wächst hier eine alte, mächtige Linde. Sie war den Slawen ein heiliger Baum.

**Wo?**

4201 Jamnik liegt 20 km südöstlich von Bled in Richtung Kropa. Vom Ort führt ein Pfad in wenigen Minuten nach Nordosten auf den Höhenrücken und zur Kirche Sv. Primož in Felicijan.

**Wann?**

Besonders schön im späten Nachmittagslicht

**Wichtiges**

Nicht die Andacht der Betenden stören!

# Über den Rand der Welt schaukeln – ein Traum für alle Junggebliebenen.

Alenka hat sich freundlicherweise bereit erklärt, dem Fotografen Modell zu sitzen auf der Riesenschaukel kurz vor dem Abgrund. Sie machte den knapp 1500 m hohen Berg Kriška gora bei Tržič zu einer slowenischen Berühmtheit – zumindest unter fotoaffinen Liebespaaren.

### Steiler Pfad zum Aussichtspunkt

Bekannt war diese einzigartige Aussichtsterrasse, die ein Gletscher am Nordrand des Ljubljaner Beckens hinterlassen hat, natürlich schon früher. Ein rund eineinhalbstündiger und abschnittsweise recht steiler Weg führt vom Dorf Gozd durch Mischwald zur Hütte Koča na Kriški Gori, ein längerer, dafür nicht so steiler, in zweieinhalb Stunden ab Tržič. Die Aussicht ist grandios: Nach Osten auf den Krvavec (1853 m), im Westen türmen sich die Gipfel der Julier rund um den Triglav (2864 m), und manchmal blinkt sogar der Bleder See zwischen den Felsriesen hervor. Wer den Höhenrücken nördlich der Hütte erklimmt, blickt auf die Karawanken. Und nach Süden sieht man in das Becken von Ljubljana, über dem nicht selten eine Nebelwand steht. Hier wartet die Riesenschaukel. Einmal Schwung genommen, ist es wirklich ein herrliches Gefühl, dem Horizont entgegenzuschaukeln. Noch schöner natürlich zu zweit, mit Schmetterlingen im Bauch und ewige Liebe schwörend. Übrigens eignet sich die Schaukel auch bestens als Zuckerl für wanderunwillige Sprösslinge. Die finden diesen Ausflug richtig gut.

### Schaukeln und genießen

Durch die Berühmtheit der Schaukel ist man nicht allein mit dem Panoramablick, sondern es warten auch noch andere, lange kann man das Vergnügen also nicht genießen. Aber vielleicht ist jetzt ja Zeit für einen Imbiss? Die Hütte auf der Kriška gora wurde 2020 zur besten Berghütte Sloweniens gewählt, wegen ihrer authentischen, bäuerlichen Kost. Und auch von hier ist der Ausblick über die Landschaft phänomenal.

**Wo?**

Koča na Kriški gori, Gozd 14, 4294 Križe, Tel. +386 51615623, www.pd-krize.si

**Wann?**

Oktober–Mai, Di 13–21 Uhr, Mi–So 7–21 Uhr, Sommer tgl. 7–21 Uhr

**Wichtiges**

Besonders empfehlenswert sind die verschiedenen Arten von *štruklji* (Strudel), der süß (Apfel, Quark), aber auch salzig (Speck) gefüllt sein kann.

# Slowenien und die Bienen: Szenen einer alten, bis heute gelebten Leidenschaft.

Emsig wie die Bienen seien die Slowenen, sagt man, und weil sie zugleich auch sehr naturverbunden sind, machen sie es den Bienen nicht nur nach, sondern züchten sie auch. Warum den Honig im Supermarkt kaufen, wenn er aus dem eigenen Garten kommen könnte? Rund 8000 in Verbänden organisierte Imker gibt es in Slowenien und damit etwa vier auf 1000 Einwohner. Die Begeisterung für die Imkerei ist so groß, dass Slowenien in der UN einen Welt-Bienentag durchsetzte, den 20. Mai. Und last but not least: Die slowenische Krainer Biene (Apis mellifera carnica) ist streng geschützt. Fremde Bienenvölker dürfen nicht eingeführt werden.

**Rund um die Biene**

Das alles erzählt ein kleines, aber sehr feines Museum in dem beschaulichen Barockstädtchen Radovljica. Natürlich auch vom „Vater der Bienenzucht" Anton Janša, der 1734 im nahen Greznica geboren zum kaiserlichen Imkermeister Maria Theresias aufstieg und mehrere Bücher über die Imkerei veröffentlichte. Auch über die Tradition, Bienenstöcke mit naiv-bunten Bildern zu bemalen – die heute von Sammlern so begehrten Bienenkorbbrettchen –, berichtet die Ausstellung und zeigt außerdem eigenwillige Bienenkörbe. Einer hat gar die Gestalt eines Pfeife rauchenden Osmanen. Das Imkereimuseum hatte dabei immer etwas Altertümliches, als sei die Bienenzucht selbst etwas Gestriges in Slowenien. Die coronabedingte Schließung nutzte das Haus für ein Facelifting und präsentiert sich nun modern, interaktiv, mit vielen virtuellen Elementen. Leider ein bisschen auf Kosten des Charmes, den die seit 1959 unveränderte Ausstellung hatte.

**Süße Verführung**

Richtig warm ums Herz wird es Besucherinnen und Besuchern angesichts all der schönen Dinge, die der hübsche Museumsladen präsentiert, ein eigenes gelb-schwarz-gestreiftes Universum! Da wären lustige Bienenkorbbrettchen (natürlich keine antiken), T-Shirts, Käppis – und natürlich jede Menge Bienenprodukte: vom königlichen Propolis bis zum Akazienhonig.

**Wo?**

Čebelarski muzej,
Linhartov trg 1, 4240 Radovljica,
Tel. +386 45320520,
https://mro.si/cebelarski-muzej

**Wann?**

Tgl. Di–So 10–18 Uhr

**Wichtiges**

Danach in die Gostilna Lectar, Linhartov trg 2, Tel. +386 4 537 4800, 12–23 Uhr, Di Ruhetag, www.lectar.com. Da gibts authentische slowenische Kost und Honigkuchen, die hier schon seit 1766 hergestellt werden.

# Rauschende Wasser in wildromantischer Schlucht: Zu Fuß durch Blejski Vintgar.

Die 300 m tief eingeschnittene Schlucht des Flusses Radovna ist nur 1600 m lang, aber auf dieser kurzen Strecke entfaltet sie ein imposantes Naturschauspiel. Die Radovna, ein waschechter Hochgebirgsfluss, der in 1000 m Höhe nordöstlich des Triglav-Massivs entspringt, grub sich ihren Weg zwischen den beiden Anhöhen Boršt und Horn im Verlauf der letzten Eiszeit, weil ein Gletscher ihren ursprünglichen Lauf bremste. Der hier anstehende Kalkstein hatte der Kraft des Wassers wenig entgegenzusetzen. Bereits 1893 galt die Schlucht als touristische Sehenswürdigkeit, und ein erster, schmaler Pfad wurde durch die bis dahin unbegehbare Klamm geführt. Inzwischen nimmt sie gut ausgebaut so viele Besucher auf, dass man sie nur in einer Richtung begehen darf. Shuttlebusse bringen Wanderer zum Ausgangspunkt zurück.

**Farbenspiel der Jahreszeiten**

Zu jeder Jahreszeit wechseln Stimmung und Farben, im Frühjahr und Sommer beherrschen Grün, Blau und Türkis die Szenerie, im Winter (leider geschlossen) kristallenes Weiß und im Herbst warme Rosttöne. Fröhlich springt die Radovna über Felsstufen, bildet hier und da einen kleinen, übermütigen Wirbel, verharrt in tief ausgewaschenen Gumpen und setzt diesem Spiel mit dem 13 Meter hohen Wasserfall Šum die Krone auf. Durch die rauschenden Wasser flitzen die Schatten von Regenbogen- und Bachforellen; an den Ufern duften im Sommer Zyklamen.

**Das Rätsel um den Namen**

*Blejski Vintgar,* so der slowenische Name, wurde zum Inbegriff der slowenischen Klamm, obwohl *vintgar* nicht „Schlucht" bedeutet. So gibt es im nahen Bohinj ein *Ribniški Vintgar* (Fischerschlucht) und im weiter entfernten Pohorje-Gebirge ein *Bistriški Vintgar.* Woher der Begriff vintgar stammt und was er wirklich aussagt, lässt sich aber weder aus dem Slowenischen, noch aus dem Deutschen schlüssig ableiten. Das spielt ja auch keine so große Rolle angesichts der wilden Schönheit dieser Schlucht. Die allerdings nur zur Geltung kommt, wenn nicht zu viele unterwegs sind. Im Frühjahr oder späten Herbst. Oder aber gleich am Morgen, wenn sie öffnet.

**Wo?**

Blejski Vintgar, 5 km nordwestlich von 4260 Bled

**Wann?**

Tgl. April, Mai, Sept. 8–18 Uhr, Juni–Aug. 7–19 Uhr, Nov. 10–16 Uhr, 10 €

**Wichtiges**

Die Wege sind rutschig, gutes Schuhwerk anziehen.

# Wünsch dir was! Ein See für Liebende und Glücksuchende. Idylle für jedermann.

Ist es eine künstliche Inszenierung oder hat die Natur am Bleder See einen besonders üppig gefüllten Korb voller Schönheiten ausgeschüttet? Als da wären: ein kleiner tiefblauer Bergsee, umgeben von hohen, dunkel bewaldeten Berghängen, ein schroffer Fels, auf dem eine mittelalterliche Burg thront und mittendrin eine Mini-Insel, die aus kaum mehr besteht als einem Hügel. Treppen führen von der Anlegestelle der traditionellen Pletna-Boote hinauf zu einem Kirchlein, das das geradezu kitschige Postkartenmotiv komplettiert. Und in dem Kirchlein bimmelt fast ununterbrochen eine Glocke.

### Jede Legende enthält etwas Wahrheit

Das geschieht, weil die Menschen auf die Bleder Insel übersetzen, um einen Wunsch vorzutragen. Wer dazu die 178 kg schwere Glocke läutet, die seit 1534 ihren Dienst versieht, kann fast sicher sein, dass er erfüllt wird. Möglicherweise von der „Lieben Frau auf dem See", die hier als anrührende Holzmadonna sehr verehrt wird, vielleicht aber auch von der Slawengöttin Živa, deren Heiligtum bis zur Christianisierung im 8. Jh. die Insel schmückte. Sie war für Leben und Fruchtbarkeit zuständig, weshalb das Gotteshaus und seine „Wunschglocke" zu den beliebtesten Hochzeitslocations Sloweniens zählen.

### Für Leib und Seele

Mit Fruchtbarkeit hat noch eine andere Tradition auf der Bleder Insel zu tun: In der ehemaligen Mesnerei, heute *Potičnica,* also Potica-Stube, genannt, wandern Tag für Tag köstliche *Potice* aus dem Backofen auf den Tresen. *Potica,* ein Kuchen aus Hefeteig, der mit Nussfüllung oft zum Zopf geflochten wird, ist an sich ganz alltäglich in der Region. Nicht aber, wenn man ihm *pehtran,* also Estragon, beifügt, wie es auf der Insel gelegentlich geschieht. Dann gilt die *Potica* als Fruchtbarkeitsspender ... womit wir wieder beim Heiraten, bei der Wunschglocke und bei der Göttin Živa wären.

**Wo?**

Blejski otok, Bleder Insel: Überfahrt von mehreren Anlegestellen um den See mit Pletna-Booten (Plätten) um 15 €, mit dem Linienboot ab Bled-Ort 12 €.

**Wann?**

Kirche: Nov.–März 10–16 Uhr, April, Sept., Okt. 10–18 Uhr, Mai–Aug. 10–19 Uhr

**Wichtiges**

Virtuelle Wunschglocke: Glockensymbol auf www.blejskiotok.si anklicken und Wunsch in die Maske eintragen.

»Treppen führen von der Anlegestelle der traditionellen Pletna-Boote hinauf zu einem Kirchlein, das das geradezu kitschige Postkartenmotiv komplettiert.«

# 25 BLEDER SEE, WÜNSCHE

# Süße Verführung mit Postkartenblick: Ein Königsschloss wird zum Kultcafé.

Vom See aus betrachtet, also von einem Ruderboot oder – sportlicher – einem SUP-Board aus, wirkt das Gebäude, das unweit des Hotels Villa Bled zwischen den Bäumen hervorschimmert, wie ein Alien. 30 Meter hohe Betonstelzen tragen einen niedrigen Bau von modernistischer Eleganz. Der slowenische Stararchitekt Jože Plečnik (1872–1957) plante diesen „Pavillon" in den 1930er-Jahren für den später ermordeten jugoslawischen König Alexander, der sich hier am Bleder See ein neues Schloss wünschte – dessen Bau allerdings nie vollendet wurde. Marschall Tito, ehemals Partisanenführer, dann Dauerpräsident des sozialistischen Jugoslawiens und Dauerbewohner der Vila Bled gleich nebenan, nutzte den Rumpf als Empfangsraum für Staatschefs, gekrönte Häupter und Schauspieler:innen (Letztere lieber weiblich). Das Ganze vor einem der schönsten Panoramen Sloweniens, dem Bleder See mit seiner Insel.

### Feiern, wo Geschichte geschrieben wurde

Irgendwann kam das Aus. Tito gab es nicht mehr, Slowenien war unabhängig, die inzwischen zum Hotel umgebaute Vila Bled florierte, doch das Belvedere verfiel. Bis 1994 eines Nachts Elektrobeats aus dem Pavillon über den See schallten. Die Szene feierte in „Tito's Tea House" den ersten Rave Sloweniens. An einem Ort, an dem Nikita Chruschtschow, Gamal Abdel Nasser und Haile Selassie von Tito mit Cognac und Zigarren umschmeichelt worden waren. Nette Vorstellung!

### Nostalgie mit Cremeschnitte

Schließlich reaktivierte das Hotel seinen Pavillon und baute ihn zum Café aus. Die noch originalgetreu erhaltene Einrichtung, die architektonische Eigenwilligkeit und das Panorama sind gute Gründe, das Café Belvedere zu einem *Soul Place* zu erklären. An den großen Fenstern oder auf der Terrasse zu sitzen, über die Geschichte des Ortes nachzudenken und die Aussicht zu genießen, weckt besondere Gefühle. Dann eilt der Herr Ober, wahrscheinlich heißt er Jozef, herbei (ja, wir sind doch alle ein bisschen k. u. k.-selig) und platziert mit eleganter Geste einen Cappuccino und eine *kremska rezina* (Cremeschnitte), gerne auch *kremšnita* genannt. Und das Glück ist perfekt.

**Wo?**

Café Belvedere, Cesta svobode 18, 4260 Bled, Tel. +386 457537 21, https://brdo.si/objekti/kavarna-belvedere/

**Wann?**

Anfang Mai bis Ende Sept., tgl. 10–20 Uhr

**Wichtiges**

Badesachen nicht vergessen, am See gibt's schöne Badestellen.

# Partisanenfresko im Luxushotel. Wo Klassenkampf und Kapitalismus zusammenfinden.

Zunächst war die Vila Bled Sommersitz der jugoslawischen Königswitwe, danach Titos Lieblingsresidenz, schließlich Luxushotel. Umbau und Modernisierung zu Beginn des 21. Jhs. haben den alten Charme dieses Hauses zum Glück nicht ganz glattgespült. Natürlich bergen die historischen Mauern die übliche Luxus-Ästhetik solcher Hotels, aber der alte revolutionäre Geist – er ist noch da.

### Jugoslawische Mutter Courage

Normalgäste kommen damit im Bankettsaal in Berührung. Auf dessen über zwei Wände umlaufenden, 52 m langen Fresko des Malers Slavko Pengov bekämpfen Partisanen den Klassenfeind, angeführt von einer heroischen Mutter Courage mit der Fahne Jugoslawiens, blau-weiß-rot, in der Mitte der goldgerahmte rote Stern. Tito, so erzählt man sich, habe hier gerne amerikanische Western geschaut. Sicherlich nicht auf einer so kleinen Leinwand, wie sie heute dezent in die Ecke gerückt auf den nächsten Firmenworkshop wartet. In den ersten Jahren der slowenischen Unabhängigkeit hängte die Hotelleitung dieses Revolutionspanorama mit Tüchern ab, wenn in dem Saal ein Bankett abgehalten wurde. Die Autoren dieses Bandes erlebten darin eine Silvestergala, der das verhängte Fresko einen bizarren Touch verlieh.

### Revolutionäre in Champagnerlaune

Noch bizarrer wirkte die Unterbringung der Journalisten in Titos privater Suite, 120 $m^2$ groß und perfekt im 1960er-Jahre-Mief. Übrigens nicht, weil die Hotelleitung der Presse etwas Gutes tun wollte, sondern weil kein anderes Zimmer frei war – niemand wollte darin logieren. Also fläzte man in Titos Fauteuils, telefonierte an seinem Schreibtisch und schlief in seinem Bett. Heute ist die „Präsidentensuite" unbezahlbar.

Inzwischen hat auch niemand mehr etwas gegen das Fresko. Und so schauen die entbehrungsreich kämpfenden Partisanen leicht verzweifelt den Champagner trinkenden Kapitalisten zu, die in diesem Saal über Unternehmensfusionen diskutieren.

**Wo?**

Vila Bled, Cesta Svobode 18, 4260 Bled, Tel. +386 45753710, https://brdo.si/objekti/hotel-vila-bled

**Wann?**

Zu jeder Jahreszeit

**Wichtiges**

Um den Bankettsaal sehen zu können, genügt ein Kaffee auf der Terrasse.

# Vom Glück der Erde auf dem Rücken der Pferde – auf Isländern um den See von Bohinj.

Was zeichnet einen Lieblingsort für Kinder aus? Toben und spielen können ohne Einschränkungen. Oder geduldige, sanfte Tiere füttern und streicheln. Beides dürfen die Sprösslinge, ob Minis oder Teens, auf der Ranč Mrcina im Bohinj-Tal. Sie ist einer der wenigen slowenischen Pferdehöfe mit Island-Ponys. Zu Island-Pferden muss man wissen: Sie gelten als ausgesprochen robuste, geduldige und soziale Tiere. Die Macken echter Ponys wie die viel beschworene Sturheit, die den Umgang mit ihnen für Kinder so frustrierend macht, sind den Isländern fremd. Und sie neigen nicht zu Empfindlichkeit und Nervosität der großen Pferderassen, die für kleinere Kinder deshalb ebenfalls nicht so gut geeignet sind. Last but not least: Auch die Größe passt. Mit einem Stockmaß von um die 140 cm sind sie richtige Pferde, aber klein genug, um auch von jüngeren Kindern gelenkt zu werden.

**Kinderträume werden wahr**

Seit 1999 halten Robi und seine Familie Isländer auf ihrem Hof unweit des malerischen Dörfchens Studor im Bohinj-Tal. Zehn sind es zur Zeit, die man schon beim Näherkommen auf den Weiden um die „Ranch" toben sieht. Islandpferde sind Tag und Nacht und bei jedem Wetter draußen, dafür wurden sie gezüchtet. Auf der Ranč Mrcina, die tatsächlich an eine Westernranch erinnert, leben außerdem noch Hund Koni und ein Haufen Schmusekatzen. Für Kinderunterhaltung ist also auch abseits der Pferde gesorgt.

**Auf du mit den Ponies**

Aber natürlich gehts in erster Linie um die Isländer: Die Programme reichen vom „Pferde kennenlernen" über erste Reiterfahrungen für die Kleinsten bis hin zu mehrstündigen Geländeausflügen, etwa zum See von Bohinj. Im Winter ziehen die Islandpferde die Kleinen im Pferdeschlitten durch verschneite Zauberwälder. Und wer es ganz ernst meint mit dem Reiten, kann auf der Ranch auch mehrwöchige Reitkurse belegen. Reiterfahrenen (älteren) Kindern und Erwachsenen sei der fünfstündige Ritt über die Bohinjer Almen ans Herz gelegt, samt Einkehr auf eine deftige Brotzeit mit Käse und Quark.

**Wo?**
Ranč Mrcina, Studor v Bohinju 12, 4267 Srednja vas v Bohinju, Tel. +386 41790297, https://ranc-mrcina.com

**Wann?**
Das ganze Jahr über

**Wichtiges**
Besuch und Ausritte nur nach telefonischer Voranmeldung

# Der Dreikopf und die Vier Beherzten – wie der Sieg über den Triglav errungen wurde.

Eigentlich ist es ein unscheinbares Denkmal: Am Ostende des Bohinj-Sees, im Weiler Ribčev Laz, blicken vier Männer auf einem Mini-Hügel, die Arme um die Schultern gelegt, auf ihren Schicksalsberg, den Triglav. Am 25. August 1778 standen die vier erstmals auf dem mit 2864 m höchsten Gipfel Sloweniens.

**Für die Ewigkeit**

Lovrenc Willomitzer (1747–1801), Luka Korošec (1747–1827), Stefan Rožič (1739–1802) und Matija Kos (1744–1798) gingen als „Die Vier Beherzten" in die Geschichte des Triglav ein. Vor ihnen war die Besteigung bereits 1777 versucht worden. Wie auch bei den „Vier" war Baron „Žiga" Zois der Initiator und Finanzier. Sigmund Zois von Edelstein (1747–1819) gehörten alle Hammerwerke im Bohinj-Tal, aber er engagierte sich auch als Förderer von Autoren, Philosophen und Wissenschaftlern, die beflügelt vom Geist der Aufklärung mehr Rechte für die slowenische Bevölkerung im Habsburger Reich forderten. Den ersten Versuch, den Triglav zu erreichen, leitete der in Ljubljana Anatomie lehrende Naturforscher Belsazar Hacquet (1739–1815). Er gilt als erster Alpinist und soll „Kletterschuhe", nämlich aus Seilen gebundene Sandalen, erfunden haben. Aber bis zum Gipfel schaffte es seine Expedition nicht, er gab am Mali Triglav, der niedrigeren Spitze, auf. Seine Begleiter waren dieselben, denen ein Jahr später die Besteigung gelang.

**Einmal Slowene sein**

Heute herrscht am Triglav Turnschuhtourismus. Es heißt, jeder Slowene müsse wenigstens einmal in seinem Leben auf dem Gipfel des „Dreikopfs" stehen, nichts Anderes bedeutet Triglav. Die Route ist lang – zwei Tage für den Aufstieg – und enthält im oberen Bereich durchaus heftige Kletterpassagen. Ungeübte begeben sich hier in Lebensgefahr, was die Leute nicht daran hindert, sich dem Gipfel in Sandalen und ohne jegliche Ausrüstung zu nähern. An schönen Ferientagen windet sich eine endlose Schlange über den letzten Felsaufstieg.

Was für ein Erlebnis muss das gewesen sein, alleine oben auf dem Gipfel zu stehen! Noch heute meint man, die Freude in den bronzenen Gesichtern der Vier Beherzten zu lesen. Wer sich still dazustellt, den Blick auf den Dreikopf gerichtet, mag etwas davon spüren.

**Wo?**

Denkmal der „Vier Beherzten" (Štiri srčni možji) in 4265 Ribčev Laz am See von Bohinj, zwischen Kirche Sv. Janez und Hotel Jezero

**Wann?**

Wenn das Wetter gut ist, fallen die Sonnenstrahlen um den späten Vormittag auf den Triglav.

**Wichtiges**

Badesachen nicht vergessen – der See ist zwar kalt, aber herrlich klar!

# Die unbekannte Schöne. Abseits der Massen durch das Zauberreich der Mostnica.

Während sich die Wanderer in der Vintgar-Schlucht bei Bled oft auf die Füße treten, ist in der Mostnica-Schlucht bei Stara Fužina meist wenig los. Dabei ist sie nicht weniger malerisch, vielleicht sogar wilder. Und die Schluchtpassage, die rund einen Kilometer lang ist, lässt sich mit einer schönen Talwanderung zum Mostnica-Wasserfall zu einer ordentlichen Vier-Stunden-Rundtour ausbauen.

**Wilde Wasser, stille Gumpen**

Am Parkplatz nordöstlich von Stara Fužina wird eine Parkgebühr entrichtet, dann gehts nach Norden 400 m durch idyllisches Weideland und stets die Julier vor Augen auf die Schlucht und deren erste Brücke zu. Weil sie angeblich der Beelzebub errichtet hat, heißt sie Teufelsbrücke, *Hudičev most.* Hier befindet sich der Einstieg zur *Korita Mostnice,* wie der slowenische Name lautet, und ein weiterer Obolus wird fällig, diesmal für den Erhalt der Wege. Beidseits des Wassers, das je nach Sonneneinfall türkisgrün bis eisblau durch sein schmales Bett tobt, führen Wege durch die Schlucht. Immer wieder weitet sich der Flusslauf zu kleinen und größeren Gumpen, eine ausgewaschene Felsformation, „der kleine Elefant", erinnert tatsächlich an einen Dickhäuter, in tiefgrünen Farnen und Moosen glitzern Wassertropfen. Die spektakuläre, schmalste und tiefste Passage ist nach rund einem Kilometer passiert, und eine weitere Brücke quert den Fluss. Hier kann man umkehren und den Weg auf der anderen Bachseite zurückgehen ...

**Von der Natur geformt**

... oder aber dem ansteigenden Weg in das sich weitende Voje-Tal mit Almhütten folgen, der nach weiteren 4 km am hübschen Wasserfall, dem Slap Mostnica mit kleinem Imbiss endet. Ob lange oder kurze Variante, die Wanderung entlang der Mostnica demonstriert eindrücklich die Kraft des Wassers und der Gletscher, die das breite Tal in der letzten Eiszeit ausgeschliffen und schließlich die Schlucht vertieft haben. An der die Mostnica immer noch arbeitet.

**Wo?**

Ausgangspunkt zur Korita Mostnice ist 4265 Stara Fužina nördlich des Bohinj-Sees.

**Wann?**

März bis Oktober, im Winter ist die Schlucht nicht begehbar.

**Wichtiges**

Infos auf www.bohinj.si/de/sehenswurdigkeiten/mostnica-schlucht

# Die Legende von Bogomila und Črtomir. Als die Slowenen ihre Götter verloren.

Etwa eine halbe Stunde wandert man von der Hütte Koča pri Savici über dem Westende des Sees von Bohinj durch Mischwald bergauf zum Wasserfall der Savica. Unter den dunklen Baumkronen blitzen im Sonnenlicht weiße Kalksteinfelsen auf, die so typisch sind für die slowenischen Wälder. Manche sind groß wie Findlinge, überzogen mit Moos und Flechten, andere, kleinere wiederum zeichnen weiße Tupfen in den dunklen Waldgrund. Dazwischen recken die violetten Zyklamen ihre zarten Blütenköpfe dem Licht entgegen.

**Wo Fels einen Fluss gebiert**

Manchmal durchbricht der Schrei eines Habichts die Stille, ein Pirol singt sein melodisches Lied, und dann ist auch schon der Wasserfall in Sicht. Über 78 m Felswand stürzt er in die Tiefe, in zwei Etappen allerdings. Deshalb wirkt er nicht so imposant. Dafür umso magischer, denn das Wasser tritt direkt aus dem Fels der bis zu 1000 m hohen und nahezu senkrechten Felswand hervor. Es durchfließt den Bohinj-See und verlässt ihn unter dem Namen Sava Bohinjka im Osten. Schließlich vereint sich der Fluss unweit von Bled mit seiner nördlichen Schwester Sava Dolinjka und bildet die Save, den mächtigsten Fluss Sloweniens.

**Die Taufe an der Savica**

Ihr Geburtsort ist Schauplatz einer Taufe von hoher Symbolik, die Sloweniens Nationaldichter France Prešeren (1800–1849) in einem Gedicht verewigte: Vor dem Hintergrund der Christianisierung der heidnischen Slowenen durch die bayerischen Bischöfe führen die Einheimischen einen aussichtslosen Kampf. Selbst Bogomila, die als Priesterin auf der Insel im Bleder See den alten Göttern opfert, tritt schließlich zum Christentum über und überzeugt ihren Geliebten Črtomir, den Anführer der Slowenen, es ihr gleich zu tun. Am Savica-Fall schwört Črtomir den Slawengöttern ab und wird getauft – das Ganze natürlich erzählt in schönen Versen. Die große Symbolkraft dieses Epos für die Slowenen ist nicht ganz zu verstehen, schließlich feiert es deren Niederlage. Zum Trost sei gesagt: Prešeren hat auch ein sehr fröhliches Trinklied geschrieben. Das ist heute Nationalhymne.

**Wo?**
Koča pri Savici, Ukanc 103,
4265 Bohinjsko jezero,
von dort 25 Minuten Fußweg

**Wann?**
Am besten um die Mittagszeit
bei schönem Wetter

**Wichtiges**
Stabiles Schuhwerk, der Weg
kann rutschig sein.

# Kriegsgräuel in grandioser Natur – Gedenken bei der Russischen Kapelle.

Der Vršič-Pass, der vom Skiort Kranjska gora im Save-Tal nach Trenta im Tal der Soča führt, zählt zu den kühnsten Alpenpässen Sloweniens. Mit 50 Haarnadelkurven und bis zu 14 % Steigung ist er auch eine beliebte Rennpiste für Motorradfahrer. Hängt man bei der Fahrt über die knapp 25 km lange Strecke hinter einem Wohnmobil fest, sind Geduld und Nerven gefragt. Grandios ist die Gebirgsszenerie auf dem 1611 m hohen Sattel, den drei deutlich höhere Felsengipfel umgeben.

### Wie der Vršič-Pass entstand

Gleich zu Beginn nach dem Start in Kranjska gora fällt nach etwa 7 km linker Hand eine eigenwillige Konstruktion ins Auge. Die Russische Kapelle, ein Holzbau im Stil orthodoxer Kirchen, erinnert an die unrühmliche Geschichte dieser Passstraße: Österreich-Ungarn, das seinen Nachschub an die Soča-Front sicherstellen wollte, ließ 1915 russische Kriegsgefangene die gefährliche Arbeit erledigen. Anfang 1916 war die Trasse über den Pass geschlagen und hatte eine hohe Zahl von Opfern gefordert. Bei einem verheerenden Lawinenabgang fanden bis zu 300 russische Gefangene den Tod. Insgesamt sollen beim Bau 7000 Menschen umgekommen sein. In ihrem Gedenken errichteten die Überlebenden diese Kapelle, die später mit Schindeln verkleidet wurde.

### Kontroverse Gegenwart

Am letzten Sonntag im Juli bekommt die Kapelle hohen Besuch: Russische Würdenträger lassen sich von dem schlichten Holzbau in hoch dekorierten Uniformen von der Presse ablichten. Soldaten im Stechschritt legen bunte Kränze nieder. 2016, zur Hundertjahrfeier, reiste Wladimir Putin an. Die Sicherheitsmaßnahmen waren so massiv, dass selbst die Autobahn Ljubljana Koper, 80 km Luftlinie vom Gedenkort entfernt, gesperrt wurde, was nicht wenige Slowenen zu heftigen Protesten veranlasste.

**Wo?**

Vršič-Passstraße von Kranjska gora nach Trenta, ca. bei km 7

**Wann?**

Im Winter ist die Passstraße oft gesperrt; bis zur Russischen Kapelle kann man aber meist noch fahren.

**Wichtiges**

Mihov dom, Vršiška cesta 83, 4280 Kranjska gora, Tel. +386 40 618756, https://mihovdom.si, geöffnet an den Wochenenden (authentische Landesküche)

# Augen auf bei Kurve 17. Von Kamikaze-Fahrern und guten Geistern.

Der Vršič-Pass und seine 50 engen Serpentinen sind keine einfache Route. Es sind nur 25 km, aber sie erfordern die ganze Aufmerksamkeit. Besonders, wenn, was leider häufig geschieht, Motorradfahrer ihr Geschick und die Leistungsfähigkeit ihrer Maschinen testen und den vorsichtig Fahrenden ungebremst auf der falschen Straßenseite entgegenrasen. Möglicherweise waren solche und ähnliche Begegnungen – auch Rennradler und Autobesitzer sind ja vor derlei Leichtsinn nicht gewappnet – der Auslöser für den Brauch, entlang der Passstraße Steinmännchen zu errichten um damit den guten Ausgang der Fahrt zu beschwören.

**Ein globales Symbol**

Kleine oder große, kunstvoll oder nachlässig aufgeschichtete Steinhaufen dienten in unseren Breiten ursprünglich der Wegmarkierung. Tibeter bauen sie, um das Wohlwollen guter Geister zu gewinnen, in Schweden schützen sie Wanderer vor dem Schabernack, mit dem Trolle sie gerne in die Irre führen. In der Sahara bilden sie häufig die einzigen Orientierungspunkte in wegloser Wüste. An der Isar südlich von München verstehen sie sich als Kunstinstallation. Vielerorts sind sie tatsächlich kleine, so kreativ aus sorgfältig verlesenen Steinen aufgeschichtete Kunstwerke, die auch wunderschöne Fotomotive abgeben. Entlang der Vršič-Passstraße finden sie sich an vielen Orten. An der Nordkurve 17 allerdings in Massen.

**Besinnung in Stein**

Hier ist Zeit anzuhalten, ein Stück den Hang hinaufzuwandern und sich oberhalb dieser Steinmännchen-Armee niederzulassen. Ein seltsamer Anblick, besonders angesichts der Geschichte dieser Straßenverbindung, die ja nur angelegt wurde, um Kriegsmaterial schneller von Nord nach Süd zu schaffen (siehe Soul Place 32). Man erinnert sich auch an Warnungen, das Sammeln und Umschichten von Steinen befördere die Erosion und zerstöre den Lebensraum von Tieren und Pflanzen. Dennoch ist diese stetig wachsende Steinmännchen-Installation ein meditativer Ort. Umgeben von schroffen Felsgipfeln, den Ruf eines Steinadlers im Ohr, sieht man über die grauweißen Steinskulpturen und empfindet tiefe Ruhe.

**Wo?**

Vršič-Passstraße von Kranjska gora nach Trenta, Kurve 17 etwa bei km 10, 1418 m Höhe, GPS N 46.441443, E 13.753198

**Wann?**

Passstraße im Winter gesperrt

**Wichtiges**

Vozi previdno! – Fahr vorsichtig!

# Meditation in Grün. An den Quellseen des großen Flusses Save.

Dieser „Seelenort“ ist winzig! Er besteht aus einem knapp zwei Meter tiefen Mini-See in der Mitte eines 1500 Meter langen und im Schnitt 250 Meter schmalen Moorgebiets, an dem die viel befahrene Straße von Kranjska gora über Podkoren nach Rateče entlangführt.

**Psychedelisches Farbenspiel**

Das Wasser dieses Sees leuchtet oft in einem geradezu unglaublichen Grün – daher übrigens auch der Name Zelenci, denn *zeleno* heißt übersetzt grün. Gespeist wird er von mehreren Karstquellen, und dieser stetige Zustrom von unterirdisch-kaltem Wasser sorgt für seine konstante Temperatur von 6 °C, die er auch im Winter hält und folglich nie zufriert. Obwohl klein, ist das unter Naturschutz stehende Moor ein einzigartiges Biotop mit seltenen Pflanzen wie Fieberklee, Schmalblättrigem Wollgras, Sumpf-Dreizack und Wasserhahnenfuß. In den Bäumen turnen Karmingimpel herum, über dem Wasser glitzern Libellen, und noch eine Stufe tiefer, unter Steinen oder im schützenden Sumpfgras verborgen, lauert die Kreuzotter. Was Betrachter nicht sehen, ist der weitere Weg des Wassers: Als Sava Dolinka rauscht es vorbei an Kranjska gora und Bled, bis es sich kurz vor Lesce mit der Sava Bohinjka vereint, um Sloweniens längsten Fluss, die Save, zu bilden. Zusammen mit dem Savica-Wasserfall bilden die Zelenci ihre beiden Quellen.

**Eine Landschaft zum Verweilen**

So viel zu Natur und Geografie. Die Zelenci, mit oder ohne Grün, sind ein geradezu verzauberter Ort, und das nur wenige Meter von der Hauptdurchgangsstraße nach Italien entfernt. Holzstege umrunden den See, von einem kleinen Turm kann man das Moor aus höherer Position bewundern. Etwas Fernöstliches liegt über diesem stillen Ort, der zur Meditation einlädt, zum *Qigong* oder *Tai Chi*. Vielleicht aber auch nur zu einem herzhaften Picknick mit mitgebrachter Wurst, Käse und Brot. Wenige Rastplätze sind so idyllisch wie die Zelenci. Übrigens: Zwischen Kranjska gora und Podkoren begleitet ein bestens unterhaltener Radweg die Straße.

**Wo?**

An der Straße Kranjska gora – Rateče nach etwa 4 km Parkplatz auf der linken Seite, dann ca. 400 m Fußweg.

**Wann?**

Schön zu jeder Jahreszeit

**Wichtiges**

Auf der Fahrt passiert man die Sprungschanzen des Nordischen Zentrums Planica, auf denen jedes Jahr neue Rekorde geflogen werden. Besonders Mutige machen es den Skispringern an der Zipline hängend nach (Tel. 031 68 98 06, https://kranjska-gora.si/de, Suchbegriff Zipline).

34 PODKOREN, ZELENCI

# Über den Wolken – unterwegs auf Sloweniens höchster Passstraße.

Sloweniens höchste und spektakuläre Passstraße, die zum Mangartsko sedlo (2055 m) unterhalb des 2679 m hohen Mangart führt, ist ein Produkt des Krieges. Die Italiener legten den 12 km langen Weg 1938 an und überwanden die knapp 1000 Höhenmeter mithilfe von fünf Tunneln. Der Grund: Der Mangart-Sattel bietet den perfekten Überblick über die umliegenden Täler und damit auch über eventuelle Bewegungen des Feindes – in diesem Fall die slowenischen Partisanen bzw. die Alliierten.

**Hoch hinaus**

Steil, aber mit bis zu 10 % Steigung und nicht so vielen Haarnadelkurven steigt die inzwischen asphaltierte Straße ausgehend vom Dorf Log pod Mangartom in die kargen, von Fels und Schafweiden geprägten Höhen des Mangart auf und überwindet vier der fünf Tunnel. Dann ist für Fahrzeuge Schluss – ein Felssturz hat die letzten 2 km unpassierbar gemacht. Rund 150 Höhenmeter wandert man in einer halben Stunde weiter bergauf zur Passhöhe, die hält, was sie verspricht. Der Rundblick ist herrlich.

**Das Aroma der Berge**

Aber das eigentlich Reizvolle an dieser Tour ist tatsächlich der Weg, nicht das Ziel. Man passiert Almen, auf denen die genügsamen, autochthonen Schafe der Region Bovec durch Bergkräuter aromatisierte Milch für kräftigen Bergkäse geben. Wer geduldig ist, kann nicht nur Alpendohlen, sondern auch die ungemein eleganten Alpensegler am Himmel beobachten. Manchmal lassen sich auch Gämsen, vielleicht sogar Steinböcke blicken, und hinter jedem Tunnel, hinter jeder Kurve tun sich neue Panoramen auf die Julischen Alpen auf. Unter Motorradfahrern ist dieser Zickzackkurs beliebter als der Vršič, es herrscht deutlich weniger Verkehr. Für Mountainbiker stellt der große Höhenunterschied eine Herausforderung dar. Wenn der Magen knurrt, sind es vom Parkplatz nur ein paar hundert Meter Fußweg zur Hütte Koča na Mangartskem sedlu, in der der berühmte *Bovec*-Käse mit kräftigem Bauernbrot den Hunger stillt.

**Wo?**

Ausgangspunkt ist 5231 Log pod Mangartom im Soča-Tal.

**Wann?**

Im Winter ist die Passstraße gesperrt.

**Wichtiges**

Straßenmaut 10 €; für den Weg zum Sattel sind stabile Bergschuhe erforderlich.

# Verloren am Narnia Beach. Wo Prinz Kaspian die Telmarer schlug.

Bitte nicht enttäuscht sein! Der Name verspricht ein Film-Set, aber dass heute von den 2007 aufgebauten Kulissen für den zweiten Teil der „Chroniken von Narnia“ (Prinz Kaspian) nichts mehr steht, versteht sich wohl von selbst. Jedoch bildet das Tal der smaragdgrünen Soča eine der schönsten Landschaften am Rande des Triglav-Nationalparks und ist auch ohne Überbleibsel des Drehs die Reise wert! Es steht dann doch mancher Narnia-Fan ein bisschen ratlos am Zusammenfluss von Soča und Gljun. Die Stelle ist sicherlich nicht die reizvollste am Lauf der Soča von ihrer Quelle am Fuß des Berges Travnik bis zur Mündung in die Adria. Sie hat hier breite Kiesbänke gebildet, und das charakteristische Grün, das den Fluss weiter südlich in seinem schmalen Tal kennzeichnet, wirkt milchig. Dafür ist das Wasser doch einige Grad wärmer, man könnte an einem sehr heißen Tag sogar darin baden.

**Neuseeland am Ufer der Soča**

Im Sommer 2007 ging das allerdings nicht, da war dieser Zusammenfluss streng bewacht. Disneys Location-Scouts hatten eben diese Stelle als Schauplatz für das große Finale des zweiten Teils der Narnia-Chroniken erwählt. Man sprach viel von der Schönheit des Ortes, aber tatsächlich ging es darum, an die schneebedeckten Berge Neuseelands anzuschließen, wo ein Großteil des Films gedreht worden war. Die Knapp-Dreitausender der Julischen Alpen gaben perfekte Doubles ab. Und so bauten die bösen Telmarer am Zusammenfluss von Soča und Gljun eifrig an einer Holzbrücke, um den Fluss Beruna zu überqueren und die guten Narnier anzugreifen. In letzter Minute gelang es einem hilfreichen Flussgeist, die Telmarer in die Flucht zu schlagen und Prinz Kaspian und seine Freunde zu retten. In seiner Wut zerstörte er auch gleich die Brücke.

**Die Ruhe ist zurückgekehrt**

Für die Einwohner der nahen Gemeinde Bovec brachte das Film-Set Vor- und Nachteile. Hotels, Gastronomie und natürlich die Komparsen verdienten gut an den Disney-Leuten, aber Straßen und Zufahrten waren wochenlang gesperrt. Heute ist es jedenfalls wieder ganz still am Narnia Beach, wie die Stelle inzwischen heißt. Der Flussgeist scheint zu schlafen.

**Wo?**

Soča-Tal bei Bovec, Zusammenfluss von Gljun und Soča.
GPS N 46.319945, E 13.511692

**Wann?**

Im Sommer kann man sogar baden.

**Wichtiges**

Picknickkorb packen und das Story-Finale im Buch nachlesen (Clive Staples Lewis, Prinz Kaspian von Narnia). Was du in den Nationalpark mitbringst, nimm bitte auch wieder mit hinaus!

# Gedenken und Wasserschleier – entlang der Soča zum verzauberten Wasserfall.

Ist der Weg das Ziel? Zum Teil auf jeden Fall, denn die Wanderung von Kobarid zum Wasserfall Kozjak bietet mehr als nur den wirklich magischen Anblick des Wasserfalls nach rund einer Stunde. Um es gleich vorwegzunehmen: Wer wenig Zeit hat, stellt seinen fahrbaren Untersatz am Parkplatz ab und ist in 25 Minuten da.

## Spuren des Krieges

Der Historische Lehrpfad *(Kobaridska zgodovinska pot)* führt deutlich ausgeschildert in 8,5 km und einen Bogen schlagend zu mehreren interessanten Punkten in der Umgebung von Kobarid und letztlich – dem Höhepunkt – zum Wasserfall. Ein wichtiges Thema des Lehrpfads sind die Ereignisse des Ersten Weltkriegs, als hier in den Bergen die Kämpfe um die Soča-Front (1915–1917) tobten. Für die italienischen Gefallenen ließ Mussolini 1938 ein monumentales Beinhaus errichten – Stopp Nummer Eins. Drei in Stufen gelagerte Achtecke mit den Gräbern von 7014 Soldaten rahmen das Kirchlein Sv. Anton ein.

## Immer am Fluss entlang

Danach gehts durch schattig-kühles Grün zu einer spätantiken Siedlung, Tonovcov Grad, unterhalb der sich die Soča als türkisgrünes Band durch den Wald schlängelt. Noch im 3. Jh. überwachte römisches Militär von diesem Ausguck die Alpenpässe, um Invasionen von „Barbaren" zuvorzukommen; später bestand hier bis zum 6. Jh. eine Siedlung mit mehreren Gotteshäusern. Immer wieder quert der Pfad im weiteren Verlauf den Fluss, in dem sich im Sommer häufig Kanuten tummeln. Dann klammert er sich immer enger an den Hang, immer näher rücken die Wände zusammen, bis man eine Art Halbhöhle erreicht. Im Halbdunkel, nur beschienen von wenigen Sonnenstrahlen, rauscht ein weißer Schleier über den Fels. Das Wasser blitzt mintgrün. Schön, nicht wahr?

### Wo?

Ausgangspunkt ist der Wanderparkplatz bei Kobarid (Rundweg „Lehrpfad“, ca. 8,5 km, knapp 2 Std.) oder der Parkplatz an der „Napoleonbrücke“ (von Kobarid in Richtung Drežnica, dann nur 25 Min. in eine Richtung).

### Wann?

Nur im Sommerhalbjahr zugänglich und dann möglichst früh oder am späten Nachmittag, geöffnet Mitte Juni–Ende Sept., tgl. 8–19 Uhr, sonst nur an den Wochenenden 10–18 Uhr, www.soca-valley.com.

### Wichtiges

Baden verboten!

# Die Hängebrücke über die Soča. Prachtvolles Farbenspiel in Türkis und Grün.

An der Soča und besonders im Abschnitt um Kobarid haben sich einige Brückenbauer verewigt. Wer allerdings die berühmteste und strategisch bedeutendste, die „Napoleonbrücke", errichtete, ist nicht überliefert, das Datum hingegen schon: 1758/1759 schlugen Bauarbeiter den steinernen Bogen über die hier tief unten durch einen Felskanal tobende Soča. Zu jener Zeit waren in der Region französische Truppen unterwegs – daher die Namensgebung. Aber gebaut haben sie den Steinbogen nicht.

**Auf schwenkendem Steg**

Jüngstes Brückenbauwerk im Soča-Tal bei Kobarid ist eine schwankende Hängebrücke. Sie überquert den Fluss mit 52 m Länge ungefähr beim Campingplatz Lazar und ersetzte 1998 eine marode Vorgängerin aus dem Ersten Weltkrieg. Auf älteren Fotos sieht man den von Wind und Wetter ordentlich ramponierten Steg, den zu überqueren mit Sicherheit eine Mutprobe war, denn das eisblaue, gischtende und rauschende Wasser unter der bei jedem Schritt schwankenden Konstruktion wirkt auch heute nicht gerade einladend. Aber zumindest ist sie durch die moderne, ja fast schon schicke Anmutung der *Brv čes Sočo,* so der slowenische Name, gesichert. Interessant ist, dass die Hängebrücke sich binnen weniger Jahre zu einem Fotomotiv mauserte, das die Menschen zu den seltsamen Aktionen beflügelt. Die Leute legen sich drauf und lassen sich von Drohnen ablichten, Paare verloben sich über dem türkisfarbenen Band und halten den Kniefall für die Ewigkeit fest, und andere wiederum lassen ihre Vierbeiner auf dem schaukelnden Steg posieren, was den Hunden sichtlich wenig Spaß macht.

**Viele Facetten, ein Fluss**

Der eigentliche Star all dieser Motive ist ohnehin die Soča. Ihr Farbenspiel ist unglaublich, lässt sich aber simpel erklären. Der Untergrund, durch den sich der Fluss gräbt, ist Kalkstein, und dessen aufgewirbelte Partikel streuen die einfallenden Sonnenstrahlen zu einem intensiven Blau. Grün wird die Soča besonders im Bereich ihrer Gumpen, wo sich Mini-Algen angesiedelt haben und sie in allen Schattierungen von Eismint bis warmem Türkis erstrahlen lassen.

**Wo?**

Bei 5222 Kobarid, auf Höhe des Campingplatzes Lazar (in Richtung Drežnica)

**Wann?**

Zu jeder Jahreszeit. Im Winter bei Eis und Schnee nicht empfehlenswert

# 38 KOBARID, HÄNGEBRÜCKE

# Das Zauberwort heißt domače: Slowenen verspricht es den kulinarischen Himmel auf Erden.

Möchten Slowenen in punkto Essen oder Lebensmittel ausdrücken, dass etwas unübertreffbar lecker ist, fällt häufig das Attribut *domače*. So richtig übersetzen lässt sich dieser Begriff nicht, besitzt er doch je nach Sprecher zahllose Konnotationen. Im Prinzip heißt *domače* heimisch. Ein Essen wäre dann „wie bei Muttern", die beim Nachbarbauer gekauften Kartoffeln „regional" (und eben nicht aus dem Supermarkt), das Brot einer bestimmten Bäckerei kein Industrie-, sondern ein Handwerksprodukt. Ein höheres Lob als *domače* gibt es in Slowenien nicht!

**Eines leckerer als das andere**

Womit wir bei dem Restaurant „Hiša Polonka" in Kobarid wären, wo wahrlich *domače* gekocht wird. Doch Vorsicht, nicht mit „einfach" verwechseln! Valter Kramar ist mit der slowenischen Superköchin Ana Roš (2017 beste Köchin der Welt) verheiratet und pflegt im Hauptberuf in deren „Hiša Franko" (ebenfalls bei Kobarid) den Weinkeller. Irgendwann wollte er eine Alternative zur Sterneküche seiner Frau bieten und eröffnete die „Hiša Polonka", in der vorrangig nach Rezepten seiner Eltern, die ebenfalls Gastwirte waren, gekocht wird. *Domače* also, aber Valter wäre nicht Valter, gäbe er seinen Gerichten nicht einen besonderen Kick: Brotsoufflé zum Hirschgulasch beispielsweise, jungen Bergkäse aus Tolmin auf den Burger, kandierte Tomaten aus dem eigenen Garten auf Hüttenkäse von der Alm für die *Brusketa*. Der Autorin, die in Slowenien geboren ist, geht bei jedem Gang das Herz auf. Noch nie hat sie so gute *Jota* (einen Eintopf aus Bohnen, Sauerkraut und Kartoffeln) gegessen! Und die *Kobariški štruklji* (mit Nuss gefüllter Strudel) sind einfach himmlisch!

**Das Auge isst mit**

Dazu passt, dass der Gasthof richtig urig ist, Gäste sich darin gleich *domače* fühlen. Und die Preise sind absolut human. Einige kritisieren, die Portionen seien sehr übersichtlich. Das stimmt. Wer hier eine Vorspeise bestellt, bekommt eine Vorspeise, kein Gericht, das satt macht wie ein ganzes Menü – was in Slowenien sonst häufig vorkommt.

**Wo?**

Hiša Polonka, Gregorčičeva ulica 1, 5222 Kobarid, Tel. +386 51486676, www.facebook.com/hisapolonka

**Wann?**

Do, Fr, Mo 17–22 Uhr, Sa, So 12–22 Uhr geöffnet, Winter geschlossen

**Wichtiges**

Da sehr beliebt, besser reservieren

# Über den Krieg in den Bergen: Das Museum in Kobarid erklärt die Soča-Front.

In einem anderen Land, nämlich in Italien, landete Ernest Hemingway als Fahrer des Amerikanischen Roten Kreuzes, als er sich 1918 freiwillig für die Weltkriegsfront in Europa meldete, italienischen Truppen im Veneto zugeteilt und kurz darauf schwer verletzt wurde. Vom Ringen weiter nördlich an der Soča-Front zwischen Italien und Österreich-Ungarn hörte er von Augenzeugenberichten. Diese kräftezehrende und Menschenleben fordernde Abfolge von Schlachten des Ersten Weltkriegs paralysierte die auf den schnee- und eisbedeckten Gipfeln der Julischen Alpen eingegrabenen Truppen von 1915 bis 1917 mehr als zwei Jahre lang. Mindestens eine halbe Million junger Männer verlor hier ihr Leben. Hemingway hat dieses grausame Sterben in seinem Roman „In einem anderen Land" verarbeitet, das allen, die in diese Region reisen, zur Lektüre empfohlen sei.

### Schmaler Grat

Empfohlen sei aber auch der Besuch des Weltkriegsmuseums in Kobarid, das die verwirrenden Schachzüge der in Bergbunkern und -stellungen ausharrenden Truppen der Kriegsgegner analysiert und mittels Schautafeln, Fotografien und Material begreifbar macht. Mit Kriegsmuseen ist das ja etwas schwierig – der Grat zur Heroisierung der einen oder anderen Seite oder Aktion ist schmal und wird häufig nicht ohne Straucheln überquert. In Kobarid ist das aber weitestgehend gelungen, und wer die Ereignisse nicht nur museal, sondern auch lokal begreifen möchte, folge dem Historischen Geschichtspfad.

### Noch nicht verschwunden

Auch kaum eine Wanderung in dieser Region kommt ohne Reminiszenzen an das große Sterben aus. Viele Pfade führen an Unterständen, Verteidigungsgräben und Bunkern vorbei; bis heute ist es nicht ungewöhnlich, im Geröll Granatsplitter zu finden. Der Weg auf Kobarids Hausberg Krn (2244 m) ist in dieser Hinsicht besonders gezeichnet; unterhalb seines Gipfels lag einer der wichtigsten italienischen Stützpunkte – Stacheldrahtreste und Stollen erzählen bis heute davon.

**Wo?**

Museum: Kobariški muzej, Gregorčičeva ulica 10, 5222 Kobarid, www.kobariski-muzej.si, tgl. Nov.–März 10–17 Uhr, Apr–Juni u. Sept.–Okt. 9–18 Uhr, Juli u. Aug. 9–20 Uhr, 7 €

**Wann?**

Museum das ganze Jahr über geöffnet, Wanderung Mai bis September

**Wichtiges**

Ausgangspunkt Wanderung: Parkplatz bei der Hütte Koča na planini Kuhinja (1002 m), ca. 3 Stunden, leicht, bis zum Gipfel. Für die Wanderung hochgebirgstaugliche Schuhe und Kleidung

# Dem Himmel so nah und die Welt vergessen – besinnliche Tage beim Roš-Clan.

Das muss man sich trauen! Einem Hotel den Namen *nebesa,* Himmel, zu geben, ist ein Statement! Eines, das soll neidlos anerkannt werden, welches das Retreat-Hotel „Nebesa“ mühelos erfüllt. Man möchte aber lieber von Retreat sprechen als von Hotel. Tatsächlich handelt es sich um vier ökologisch vorbildlich er- und eingerichtete Chalets für jeweils zwei Personen unweit des Dorfes Livek in knapp 1000 m Höhe.

**Familienbande**

Wie in Slowenien so häufig sind Erfolgsgeschichten Familiengeschichten. Diese fing mit einer sozialistischen Einheitswohnung in einem Block in Tolmin an. Vater Arzt, Mutter Journalistin, zwei Töchter, Maja und Ana. Dann kommt das Angebot, eine abgebrannte Skihütte (und den Grund natürlich) bei Livek zu kaufen und in die Berge zu ziehen. Während die Töchter Karriere machen – Ana Roš als weltbeste Köchin, deren Restaurant Hiša Franko ganz in der Nähe liegt, Maja Roš Kanellopoulos in Mutters Fußstapfen als Journalistin –, entwickeln die in der Gastronomie unerfahrenen Eltern „Nebesa“ zu einem der außergewöhnlichsten Häuser Sloweniens. Inzwischen haben Maja und ihr Mann übernommen. Vater Bojan mäht den Rasen.

**Himmlische Entspannung**

Eines der modern-minimalistisch eingerichteten Chalets zu ergattern, ist nicht einfach (und nicht billig). Aber wenn es gelingt, sind Berge und Sternenhimmel so nah, dass man kein Auge zu machen möchte, um ja nichts zu verpassen. Am frühen Morgen, wenn die Nebel über dem Tal liegen und die Bergspitzen in der Sonne leuchten, könnte man juchzen vor Glück. Tagsüber gehen die Gäste wandern oder fläzen auf Sonnenliegen in der aromatischen Bergluft. Ab und an kommt der Berner Sennenhund Ash vorbei auf eine Krauleinheit. Immer wieder verschwindet man in der Sauna, auch sie mit diesem unvergleichlichen Blick auf die Julier. Gekocht wird selbst, oder „Hiša Polonka“, das Partnerrestaurant unten im Tal, schickt etwas herauf. Der Abschied wird schwer, versprochen!

**Wo?**

Nebesa, Livek 39, 5222 Kobarid,
Tel. +386 53844620,
www.nebesa.si,
Chalet für zwei ab 300 €

**Wann?**

Im Herbstlicht mit Nebel im Tal – unübertroffen!

**Wichtiges**

Außer Frühstück ist keine Verpflegung vorgesehen. Die Gäste sind Selbstversorger.

# Das Fenster zum Tal. Wanderung zu einem Aussichtspunkt mit Suchtpotential.

Lust auf eine kurze Wanderung? Die Landschaft zeigt die ganze Schönheit des Karstes, und am Ziel wartet eine ungewöhnliche Erosionsskulptur, ein Felsenfenster. Wer am Sportpark in Ajdovščina startet, benötigt für den 8 km langen Hin- und Rückweg gute drei Stunden (und steigt 800 Höhenmeter auf und wieder ab). Schneller und bequemer gehts vom Weiler Otlica, wo die Schilder zum rund 1,5 km entfernten *Otliško okno,* dem Otlica-Fenster, weisen. Der Weg steigt etwas bergan und quert ein mit Macchia und Kiefern bewachsenes Hochplateau. Nach rund 20 Minuten führen Steinstufen bergab in den Wald und enden am geheimnisvollen Felsenfenster.

## Gottes List und Teufels Beitrag

Darüber, wie die sechs auf zehn Meter messende Öffnung im Kalkfels entstanden ist, gibt es unterschiedliche Versionen. Die Prosaische verweist auf die Erosionskraft des Wassers, das sich nach heftigen Regenfällen seinen Weg von der Hochebene durch die Felsscharte suchte und sie schließlich durchbrach. Die weitaus Beliebtere behauptet, Jesus und Petrus hätten hier den Teufel hereingelegt. Beim Spaziergang durch den Wald erzählte Jesus dem Petrus, unter dem Gebirgskamm seien drei goldene Säulen verborgen. Natürlich wussten beide, dass der Beelzebub ihnen folgte und jedes Wort belauschte. Prompt begann er, den Bergkamm abzutragen. Als der Teufel erkannte, dass er ausgetrickst worden war, stieß er wütend sein Horn in den Fels.

## Überwältigende Dramatik

Wer auch immer dieses außergewöhnliche Naturdenkmal geschaffen hat – es ist ihm zu danken. Denn der Blick durch die Öffnung über das Vipava-Tal ist wunderschön. Auch als spektakulärer Hintergrund für allerlei Foto-Selbstinszenierungen ist das Felsenfenster gut geeignet, weshalb man dort selten alleine ist. Ein Tipp: Das Fenster öffnet sich gen Südwesten, die dramatischsten Effekte erzielt man also am Nachmittag mit Gegenlicht.

**Wo?**

Startpunkt ist das Dorf Otlica, 19 km von Ajdovščina. Parken am Friedhof. Von dort ist der Weg ausgeschildert.

**Wann?**

Beste Lichtverhältnisse am Nachmittag, schön aber zu jeder Jahres- und Tageszeit

**Wichtiges**

Auch wenn der Weg nur kurz ist, sind robuste Schuhe zu empfehlen.

# Dichter, Maler, Stein. Von zwei Ausnahmekünstlern und ihrer Liebe zum Karst.

Štanjel auf seinem terrassierten Hügel wirkt wie das Idealbild einer mittelalterlichen Befestigungsanlage. Burg und Stadtmauer sichern gegen die Angreifer aus dem Tal, die in Štanjels Geschichte nicht selten gegen den Ort anrannten. Im 15. Jh. waren es die Türken, weshalb die Mauer verstärkt wurde. 1944 tobten hier heftige Kämpfe zwischen deutschen Besatzern und Partisanen. Besiedelt war der Hügel bereits in der Hallstattzeit, kein Wunder bei dieser Fernsicht, die von den Alpen fast bis zur Adria reicht.

**Ein Dorf wie vor 100 Jahren**

Im Ort selbst gibt es ein paar Sehenswürdigkeiten – die alten Zisternen, Fundamente eines römischen Wehrturms und ein *Kraška hiša* genanntes, noch aus der Romanik stammendes Anwesen, das eingerichtet ist wie ein typisches Haus im Karst. Vor allem aber (wieder) bewohnte Häuser, seit das Dorf 2015 einen Wasseranschluss erhielt. Die Atmosphäre ist romantisch, etwas herb, meist sehr still. Wer hier in einem Bed & Breakfast absteigt, erlebt den Karst in seiner ganzen harschen Schönheit.

**Naturimpressionen in Wort und Bild**

Der graue Stein dieser kargen, geheimnisvollen Landschaft, ihre Farben und Düfte, die geprägt sind von Kräutern und dem stetig wehenden Wind, sind Thema zweier Künstler, deren Werke die Galerie in der Burg ausstellt. Der Triestiner Slowene Lojze Spacal (1907–2000) verewigte die Strukturen und Farben seiner Heimat in spröden, teils sehr abstrakten, dabei ungemein sprechenden Grafiken und Gemälden. Der slowenische Lyriker Srečko Kosovel (1904–1926) wuchs in dieser Gegend auf und widmete dem Karst eine Reihe konstruktivistischer Gedichte. Dass sich die Arbeiten der beiden Künstler wunderbar ergänzen, zeigt die Ausstellung, die zu Spacals Bildern entsprechende Gedichte Kosovels präsentiert. Das ist nicht nur künstlerisch spannend, sondern auch eine perfekte Vorbereitung auf diese außergewöhnliche Landschaft.

**Wo?**

Galerija Lojze Spacal, Štanjel 1a, 6222 Štanjel, Tel. +386 57690056, www.visitstanjel.si

**Wann?**

Winter tgl. 10–12, 12.30–16 Uhr, Sommer Mi–Fr 10–12, 12.30–17 Uhr, Sa, So 10–12, 12.30–18 Uhr

**Wichtiges**

In der Galerija Lojze Spacal befindet sich auch ein Büro der Touristsinfo. Sie kann mit Adressen von B&B-Vermietern im Dorf weiterhelfen.

# Der Karst, die Villa und ein kreativer Architekt – von der Rettung eines Dorfes.

In den 1920er-Jahren, als Štanjel bereits unter Abwanderung litt und immer mehr Häuser verfielen, trat ein Mäzen auf den Plan, der einen Teil des Dorfes maßgeblich verändern und seine Entwicklung prägen sollte. Der Triestiner Arzt Enrico Ferrari verliebte sich in Štanjel und den Karst und engagierte seinen Schwager Maks (Max) Fabiani, ihm dort eine Sommervilla zu errichten. Der im nahen Kobdilj geborene Fabiani hatte als italo-slowenischer Architekt eine steile Karriere, u. a. als Schüler von Otto Wagner in Wien, gemacht, war maßgeblich an der Neuordnung Ljubljanas zu Beginn des 20. Jhs. beteiligt und gilt heute als einer der Begründer moderner Architektur.

**Wenn Natur zur Kunst wird**

Für Ferrari baute er eine mittelalterliche Häuserzeile auf einem Hügelkamm gegenüber dem Ortskern von Štanjel zur Villa um und inszenierte auf den Terrassen darunter eine Kombination aus mediterranem, Karst- und höfischem Kunstgarten. Er pflanzte Olivenbäume und Weinreben, ließ Karstkräuter in Betonwannen wachsen und legte einen ovalen Teich an – in der wasserarmen Gegend des Karstes eine Provokation. Tatsächlich aber diente dieser Teich als moderne Zisterne, ein Reservoir, in dem Regenwasser gesammelt und mittels eines ebenso komplizierten wie genialen Systems in die Villa und zur Bewässerung der Gärten geleitet wurde.

**Fantasie oder Realität**

Lange vernachlässigt ist dieser Ferrari-Garten heute ein ebenso besinnlicher wie anregender Ort für einen Spaziergang oder ein Picknick, zum Beispiel nach der Besichtigung der Spacal-Galerie. Auch geheiratet wird hier gerne. Dass Dorf wie Villa samt Garten überhaupt noch existieren, ist angeblich Maks Fabiani zu danken. Im letzten Interview vor seinem Tod behauptete er, der junge Hitler habe 1912 in seinem Atelier in Wien als Zeichner gearbeitet, er habe ihn aber nach wenigen Wochen entlassen, „wegen Starrsinns, laufender Meinungsänderungen .... und weil er zu matt war". Als deutsche Truppen 1944 Štanjel niederbrennen wollten, habe er sich auf diese „Bekanntschaft" berufen, und der Ort wurde verschont.

**Wo?**

Villa Ferrari, 6222 Štanjel, www.visitstanjel.si

**Wann?**

Immer zugänglich

**Wichtiges**

In der Burg von Štanjel widmet sich eine kleine Ausstellung auch dem Werk Maks Fabianis.

# Ein gefährlich stilles Örtchen oder wie ein Raubritter sein Leben verspielte.

Was gibt es Schöneres für Kinder und Kind gebliebene Erwachsene als die Erkundung einer echten Raubritterburg. Burg *Predjama* („Burg vor der Höhle"), wenige Kilometer von den Höhlen von Postojna entfernt, ist genau das. Die Veste zwängt sich so herrisch in den Spalt einer 123 Meter hohen Felswand, sie muss einfach unbezwingbar gewesen sein. War sie auch – bis einer auf einen ziemlich gemeinen Kniff kam.

**Regionale Lieferkette**

Burg Predjama lehrte so manchem Belagerer das Fürchten, fast alle zogen unverrichteter Dinge ab, denn die darin Verbarrikadierten schienen über unendliche Vorräte zu verfügen. Ihr Geheimnis kannten die wenigsten: Über den heute „Erasmusgang" genannten Fluchtweg gelangt man oberhalb der Felswand ins Freie. So war stets für Nachschub an Verpflegung und Wasser gesorgt.

**Notdurft kommt vor dem Fall**

Auch der Triestiner Hauptmann Niklas von Rauber, der im Auftrag des Habsburger Kaisers Friedrich III. Ende des 15. Jhs. dem Hausherr Erasmus von Luegg den Garaus machen sollte, war zunächst fassungslos. Raubritter von Luegg ließ die Belagerer sogar mit gebratenen Ochsen und frischen Kirschen bewerfen, um den Überfluss, in dem er lebte, zu demonstrieren. Dann ging Niklas von Rauber ein Burgbediensteter ins Netz, und der verriet, wann und wo Erasmus regelmäßig seine Notdurft verrichtete, nämlich in einem heute noch sichtbaren Anbau. Kaum hockte der Ritter auf dem stillen Örtchen, ließ der Hauptmann schießen. Die Kanonenkugel erwischte Erasmus mit heruntergelassenen Hosen.

Wahrheit oder Legende – den geheimen Gang gibt es tatsächlich, und wer abenteuerlustig ist, kann ihn mit Höhlenforscher-Montur und Führer begehen. Alle anderen besichtigen die mit diversen Ritter-Exponaten ausgestattete Burg oder die „Höhle unter der Burg", die mit vier Etagen zu den längsten Höhlen der Welt zählt. Das ist spannend genug.

**Wo?**

Grad Predjama, Predjama 1, 6230 Predjama, Tel. +386 57000100, www.postojnska-jama.eu

**Wann?**

Burg Predjama, tgl. Okt.–Juni 10–16 Uhr, Juli/Aug. bis 18 Uhr, Sept. 11–17 Uhr; Höhle unter der Burg, Führungen tgl. Juli/Aug. 11 und 16 Uhr

**Wichtiges**

Erasmusgang April bis Oktober nur nach Voranmeldung unter info@postojnska-jama.eu (Kinder ab 15 Jahren)

# Einstürzende Karsthöhlen oder über den geheimnisvollen Lauf eines Flusses.

In Slowenien gibt es rund 10.000 registrierte Höhlen und eine unbekannte Zahl von nicht-registrierten. Im Prinzip ist das gesamte Land unterhöhlt, was einen Politiker dazu veranlasste, zu behaupten, das Land sei gar nicht so klein – rechne man die unterirdische Welt dazu, besäße es die doppelte Größe. Aber wie soll man sich das vorstellen? Spaziert und fährt man über riesigen Hohlräumen, wenn man in Slowenien unterwegs ist? Ein Blick nach Rakov Škocjan hilft dabei, Fantasie und Realität in Übereinstimmung zu bringen.

## Ein Flüsschen verschwindet

Dieses verzauberte Tal liegt nur wenige hundert Meter von der Autobahn Ljubljana – Koper entfernt und ist doch nahezu unbekannt. Es war das erste zum Regionalpark erklärte Naturphänomen Sloweniens und ist dabei auf den ersten Blick nicht besonders spektakulär. Die harten Fakten: Der Fluss Rak mäandert durch ein 2,5 km langes und bis zu 500 m breites Tal, das von hohen Felswänden begrenzt ist. Eine romanische Kirchenruine und Spuren aus Paleolithikum und Eisenzeit belegen, dass Menschen hier schon früh gesiedelt haben. Und es gibt zwei Naturbrücken, eine große (37 m hoch) und eine kleine (42 m hoch). Nein, kein Versehen, die Attribute groß und klein beziehen sich in diesem Fall auf die Mächtigkeit des Felsbogens, nicht auf seine Höhe. Ebenfalls wichtig zu wissen: Der Rak taucht östlich des Tals aus einer Höhle, Zelške jame, auf und verschwindet am westlichen Ende in der Tkalca jama wieder unter der Erde.

## Sloweniens blühende Unterwelt

Das Tal dazwischen ist eine echte Naturschönheit. Tannen, Ahorn und Buchen beschatten den mit Sumpffarn üppig grün bewachsenen Grund, zwischen dem die rosa Blüten des Storchschnabels hervorlugen. Der Rak gurgelt und rauscht, umschwirrt von Armeen glitzernder Libellen. Vor Jahrmillionen noch floss er durch die schwarze Finsternis einer Höhle. Seine Wasser lösten den Kalkstein, bis die Decke zu dünn wurde und einbrach. Stehen blieben nur die beiden „Zugänge", die große und die kleine Brücke. Hier, im Rakov Škocjan, wird es also sichtbar, das unterirdische Slowenien.

**Wo?**

Regionalpark Rakov Škocjan (Regijski Park Rakov Škocjan), www.notranjski-park.si, Ausfahrt Unec von der Autobahn E61

**Wann?**

Zu jeder Jahreszeit

**Wichtiges**

In Verbindung mit dem Cerkniško polje lassen sich hier schöne Fahrradtouren unternehmen. Auf dem Rak wird auch Kanu gefahren.

# Wo Hexen tanzen, Berge dampfen und ein See sich in Ackerland verwandelt.

*Polje* ist das slowenische Wort für Feld. Sowohl für Ackerland wie auch für eine größere, von Höhenzügen gerahmte Ebene, die womöglich durch einen Höhleneinsturz entstanden ist. Das Cerkniško polje ist eine Ebene südöstlich des Ortes Unec, die von dem Flüsschen Cerkniščica durchflossen wird und eine bemerkenswerte Besonderheit aufweist. Im Sommer liegt sie trocken und wird zum Heuen und als Viehweide genutzt. Von Herbst bis Frühjahr bildet sich auf ihr ein fischreicher See.

## Geht das mit rechten Dingen zu?

Dass dieses Phänomen den Menschen früherer Generationen nicht geheuer war, ist verständlich. Hinzu kam, dass der Berg Slivnica am Rande des polje seit alters her als Wohnsitz und Tanzplatz von Hexen bekannt und berüchtigt ist. Denn kurz unterhalb des Gipfels gibt es eine Höhle, aus der im Winter Rauchschwaden entweichen. Johann Weikhard von Valvasor, der slowenische Universalgelehrte des 17. Jhs., war gar der Überzeugung, in dieser Höhle entstünden Stürme. Ein bisschen unheimlich das Ganze. Die Wissenschaft hat natürlich für beide Phänomene Erklärungen parat: Im Falle der Höhle handele es sich um warme Luft im Höhleninneren, die bei Kontakt mit der deutlich kälteren draußen kondensiert. Beim See ist es etwas komplizierter. Am Rande des polje, dort wo die Ebene ins Bergland übergeht, sprudeln nach heftigen Regenfällen mehrere Karstquellen, die von unterirdischen Reservoirs gespeist werden. Ähnlich wie bei einem Gully steigt das Wasser an die Oberfläche, die Ebene wird überflutet und es entsteht ein periodischer See. Übrigens mit rund 26 km$^2$ der größte Sloweniens, wenn er vollständig gefüllt ist. In der trockenen, warmen Jahreszeit versickert das Wasser in eben diesen Ponoren (so der Fachbegriff). Mit ihm verschwinden auch die Fische und die Ebene überzieht sich mit Grün.

## Verwandlung der Natur

Das Cerkniško polje ist zusammen mit dem angrenzenden Karsttal Rakov Škocjan als Ramsar-Feuchtgebiet anerkannt. Vogelenthusiasten können über 200 verschiedene Vogelarten beobachten, der botanische Reichtum ist phänomenal. Vom Slivnica-Gipfel starten längst keine Hexenbesen mehr, sondern Paraglider – die Thermik ist fantastisch. Ebenso der Blick über das je nach Jahreszeit grüne oder silbern glitzernde polje.

**Wo?**

Rund um den Hauptort Cerknica, Ausfahrt Unec von der Autobahn E61

**Wann?**

Zu jeder Jahreszeit interessant

**Wichtiges**

In Verbindung mit Rakov Škocjan lassen sich schöne Fahrradtouren unternehmen; auf dem See auch Bootsfahrten.

# Die Königin der slowenischen Höhlen – schmale Pfade durch ein Kunstwerk der Natur.

Sloweniens berühmtestes Tropfsteinhöhlen-System ist die *Postojnska jama* (Adelsberger Grotte). Bereits 1213 erstmals begangen, ist sie seit Anfang des 19. Jhs. als Schauhöhle ausgebaut, jährlich 800.000 Besucher, wunderschön, perfekt organisiert.

**Die ungestüme Schwester**

Ihre wilde Konkurrentin, *Škocjanske jame* (Höhlen von St. Kanzian) liegt nur 20 km Luftlinie entfernt und zählt seit 1986 zum UNESCO-Weltnaturerbe. Zugegeben, mit der Eleganz, dem Farben- und Formenreichtum der Postojnaer Tropfsteine kann sie sich nicht messen. Aber sie macht die Entstehungsprozesse dieser Höhlensysteme sinnlich erfahrbar, weil sie alle Elemente der Genese wie auch des Verfalls beinhaltet.

**Unterirdisches Abenteuer**

Zunächst einmal: Man geht zu Fuß über schlüpfrig-feuchten Stein, kühn über Abgründe geschlagene Brücken, unter denen wildes Wasser rauscht, entlang schwindelerregender Galerien, die an Felswänden kleben; zum Schluss, nach spannenden eineinhalb Stunden, steil bergauf zurück ans Tageslicht. Das Höhlensystem – denn es handelt sich um mehrere, ineinander übergehende Höhlen – ist nur spärlich beleuchtet, was die klaustrophobisch aufgeladene Stimmung verstärkt. Die Decke ist oft nur zu erahnen, ebenso wie der Karstfluss Reka, der 45 m tiefer durch sein Kanalbett tobt. Eben dieser Fluss hat die Höhlen geschaffen. In einem Erosionsprozess, der mindestens 2,5 Millionen Jahre dauerte, grub er sich von der Oberfläche in bis zu 200 m Tiefe. In diesem Prozess stürzten auch wieder Teile des unterirdischen Systems ein – die trichterförmige Senke am Ausgang ist ein Ergebnis davon. Noch deutlicher wird das in der Mahorčič-Höhle, zu der Besucher auf eigene Faust weiterwandern dürfen. Sie gleicht einem durchlöcherten Labyrinth aus Hallen, Öffnungen, Felsbrücken, Wasserläufen und Felsschutt – ein irres Kunstwerk der Natur!

**Wo?**

Park Škocjanske jame, Matavun, Tel. +386 57082110, www.park-skocjanske-jame.si, Ausfahrt Divača von der Autobahn E61

**Wann?**

Geführte Touren tgl., Nov.–März um 10, 13, So auch 15, April 10, 12, 13, 15, Mai 10, 11, 12–15, Juni–Aug. stdl. 10–17, Sept. stdl. 10–15, Okt. 10, 11.30, 13, 15 Uhr.

**Wichtiges**

Wanderung zur Mahorčič- und Marinčič-Höhle im Anschluss an die Führung, ca. 2,5 km und 700 Stufen

# Der Geschmack des Karstes. Von einem Schinken mit besonderem Aroma.

Was bestellt der Gast in Slowenien als Vorspeise? Im Herbst und Winter meist eine kräftige, wärmende Suppe, in der oft *pančeta,* Speck, die erste Geschmacksgeige spielt. Im Frühjahr und Sommer einen Aufschnitt mit *sir,* Käse, und *pršut,* luftgetrocknetem Schinken. Kommen Speck und Schinken aus dem Karst, besitzen sie einen besonderen Geschmack. Man vermeint, die Kräuter dieser herben Landschaft zu schmecken, einen Hauch Wacholder, einen Tupfer Rosmarin, etwas Lorbeer, deren Aromen der Nordostwind Burja mit sich führt. Das Fleisch ist hellrosa und so zart, dass es auf der Zunge zu schmelzen scheint.

**Salz, Wind und Kräuter**

„Diese guten Menschen …. sind glücklich, wenn sie ein Stück Schweinefett bekommen, das sie aufgrund ihrer harten Arbeit gut verdauen können, dazu Zwiebeln und ein Stück trockenes, grobes, braunes Kleiebrot", berichtete 1689 der Universalgelehrte Valvasor über die Schinkenproduktion im Karst. Wann sich der Begriff *Kraški pršut,* Karstschinken, heute von der EU als kontrollierte Herkunftsbezeichnung geschützt, einbürgerte, ist nicht überliefert. Aber er entsteht nur hier, auf der Karsthochebene, eingesalzen mit grobem Meersalz aus den Salinen von Sečovlje und getrocknet von den eisigen Windstößen der Burja.

**Delikatesse in Handarbeit**

Was zunächst einzelne Bauern für den Eigenbedarf produzierten, fand bald den Gefallen der Städter; so entstanden pršutarne, große Trocknungsanlagen für den Schinken. Eine der ältesten im Karst ist die *pršutarna* in Lokev, einem Ort unweit des Lipizzanergestüts Lipica. Was hier vor Jahrzehnten klein anfing, ist heute beinahe ein Industrieunternehmen. Aber noch ist alles Handarbeit: Einsalzen, Reinigen der Schinkenschlegel, Entfernung der Fettschwarten, Bestreichen mit aromatisiertem Schweineschmalz. Zwölf Monate reift der Schinken mindestens heran, mit 16 Monaten gilt er als noch feinere Delikatesse. Zum Schluss wirds archaisch: Mit einer Nadel aus Pferdeknochen prüft der Schinkenmeister Reifegrad und Geschmack. Dann geht die Köstlichkeit in den Verkauf.

**Wo?**

Pršutarna Lokev s'krasa, Lokev 9, 6219 Lokev, Tel. +386 57318120, https://prsutarna-skrasa.si

**Wann?**

Geschäft Mo–Fr 8–15 Uhr, Besichtigung der Produktion auf Anfrage

**Wichtiges**

Schinken am Stück ist lange haltbar. Mitnehmen lohnt sich!

# Bei den weißen Tänzern: Wo edle Rösser unter uralten Linden weiden.

Allein schon diese herrliche Allee, die auf das Gestüt zuführt! Linde reiht sich an Linde, beugt schattenspendend ihre Äste über die schmale Straße, die ihren theoretischen Ausgang in Wien nahm und bis ins Herz von Lipica führte. Jeder Reiter, der eines der edlen Lipizzanerpferde aus Lipica in die Spanische Hofreitschule überführte, pflanzte aus Dankbarkeit über diese Ehre einen Baum, so heißt es.

**Das Ende eines Traums**

Heute bildet die Allee ein wahrlich fürstliches Entrée. Stehen dann noch die unendlich eleganten, weißen Pferde auf den Weiden links und rechts in dieser charakteristischen, von Dolinen (Karsttrichter) strukturierten Landschaft, vermeint man, sich durch ein Märchen zu bewegen. Das dann zu einem bösen Erwachen führt, denn die sozialistische Volksrepublik Jugoslawien verschönerte das historische Gestüt mit ästhetisch nicht gerade harmonisierenden Hotelbauten. Da wurde in den letzten Jahren viel renoviert – schöner wurde es dadurch nicht.

**Formvollendete Eleganz**

Gegründet wurde das Gestüt Ende des 16. Jhs. durch Erzherzog Karl. Die hier gezüchteten „Karster", später nach dem Gestüt Lipizzaner genannt, vereinten die Robustheit der alten Karstrassen, von denen schon die Römer berichteten, mit der Eleganz eingekreuzter Andalusierhengste. Sie dienten vorrangig zeremoniellen Zwecken; früh wurde Wert auf die perfekte Dressur gelegt mit Höchstleistungen wie der Courbette und der Levade, die in der Spanischen Hofreitschule zu Wien vorgeführt wurden und auch in Lipica zu sehen sind. Zwischen den beiden Ländern kam es übrigens zu tiefen Verwerfungen: Slowenien versuchte, den Namen Lipizzaner 1999 als ausschließliche Herkunftsbezeichnung slowenischer Pferde bei der WHO schützen zu lassen; Österreich wiederum ließ sich die im Lipizzanergestüt Piber praktizierten Zucht- und Dressurtechniken als immaterielles UNESCO-Weltkulturerbe anerkennen. Erst 2019 fanden die Kontrahenten eine gemeinsame Sprache und beantragten bei der UNESCO die Aufnahme der (österreichischen und slowenischen) Lipizzanertradition als gemeinsames Weltkulturerbe.

**Wo?**

Kobilarna Lipica, Lipica 5, 6210 Sežana, Tel. +386 57 391696, www.lipica.org

**Wann?**

Tgl. 9–18 Uhr, Führungen und Dressurvorführungen s. Website

**Wichtiges**

Bis zum Alter von sechs Jahren sind Lipizzaner schwarz und wechseln erst dann zum Schimmel.

# Wo der Karst auf Istrien trifft. Atemberaubendes Kletterparadies am senkrechten Fels.

Fährt man von Ljubljana in Richtung Meer, bricht die Karsthochebene kurz vor dem Dorf Črni Kal urplötzlich über mehr als 400 Meter zum Küstenland ab. Dieser Karstabbruch erstreckt sich – mal etwas sanfter und über mehrere Stufen absenkend, im mittleren Teil aber nahezu senkrechte Felswände ausbildend – von Triest bis zur slowenisch-kroatischen Grenze und setzt sich im kroatischen Teil Istriens fort.

**Schroffer Übergang zum Meer**

Die landschaftlich dramatischste Szenerie bietet sich in Slowenien, rund um Črni Kal. Hier befindet sich das Dorf Osp, tief unter die hohen Felsen geduckt. Das Mekka von Freeclimbern aus aller Welt. Geologisch geht mit diesem Abbruch der aus Kalkstein aufgebaute Karst in die von Flysch (Felsmaterial, das zu Bergrutschen und Hangrutschungen neigt) ausgeformte Ebene am Meer über. Gehoben wurden die Kalksteinfelsen durch den Druck der Afrikanischen Platte vor Jahrmillionen, so wie auch die Alpen entstanden sind. Die aufgeschobenen Platten liegen teils schräg übereinander, manchmal nahezu senkrecht, manchmal Überhänge bildend. Der Stein ist stabil, bröselt und bricht nicht. Keine Frage, dass dies eine Herausforderung für Kletterer ist.

**Vom Geheimtipp zum Hotspot**

Der Platz wurde spät entdeckt: Erste Berichte stammen aus den 1970er-Jahren. Mitte der 1980er galt Osp dann bereits als Sloweniens heißeste Kletterdestination, und 1988 trafen sich Jugoslawiens beste Sportkletterer zum Wettbewerb. Inzwischen sind an der u-förmigen Wand über Osp rund 200 Routen aller Schwierigkeitsgrade ausgewiesen, nahebei liegt das Klettergebiet von Mišja peč (anspruchsvoll) und Črni Kal (leicht). Was erstaunt: Das Dorf Osp hat sich trotz des Ansturms junger Climber kaum verändert. Es gibt einen einfachen Campingplatz und ein paar Leute, die Privatzimmer vermieten. Nur die in der Szene beliebte Gostilna Majda, in der man nach dem Klettern auf ein Bier und etwas zu Essen einkehrte, musste einem Boutiquehotel gleichen Namens weichen. Ob die Kletterer da absteigen, darf bezweifelt werden.

**Wo?**
Osp, 17 km nordöstlich von Koper, Abfahrt 6275 Črni Kal, Osp

**Wann?**
Nicht im Hochsommer, dann ist es zu heiß

**Wichtiges**
Nicht wild parken oder zelten. Unterkunft auf dem Campingplatz Vovk, Osp 20, 6275 Črni Kal, www.kmetija-vovk-osp.si

**»Inzwischen sind an der u-förmigen Wand über Osp rund 200 Routen aller Schwierigkeitsgrade ausgewiesen.«**

# Kopers historisches Herz – ein Café am schönsten Platz der slowenischen Küste.

Insider zählen Kopers Hauptplatz Titov trg zu den schönsten Stadtplätzen der venezianisch geprägten Küste Sloweniens und des benachbarten Kroatiens. Harmonisch reihen sich Prätorenpalast, *Armerija* und *Foresterija* sowie Loggia aneinander. Die vierte Seite nimmt die Domkirche ein. Der Platz hat nur einen, aber wirklich entscheidenden Nachteil: Der wunderschöne Prätorenpalast, ein Meisterwerk der venezianischen Gotik, ist nach Norden gerichtet und liegt fast immer im Schatten.

**Nach venezianischem Vorbild**

Mitte des 15. Jhs. wurden die Fundamente für das harmonische Ensemble gelegt, dessen Architektur sich zwischen venezianischer Gotik und Renaissance bewegt. Koper war damals Venedig untertan, wie die meisten Hafenstädte an der Küste der Ostadria. Im Prätorenpalast residierte der Statthalter des Dogen; in der Loggia diskutierten die Bürger dessen Beschlüsse. Foresteria und Armeria, die heute als geschlossene Front die Westseite einrahmen, dienten als Gästehaus und Waffenarsenal. Nach aufwändiger Renovierung ist der Prätorenpalast heute erneut Sitz der Stadtregierung. Die Loggia hingegen fungiert als Kunstgalerie und Café.

**Eine Bühne für die Stadt**

Eben dieses Café, das wechselnde Besitzer kommen und gehen sieht, aber meist Loggia heißt, zählt zu jenen Orten, an denen man verweilen und einfach beobachten sollte. Denn der schöne Platz davor mit der bewegten und mit historischen Steinwappen geschmückten Fassade des Prätorenpalastes ist Kopers Wohnzimmer. Mit ein bisschen Glück findet gerade eine Trauung statt, und die Hochzeitsgesellschaft nutzt die Bühne des Titov trg, um sich auf dem Weg vom Rathaus zur Kirche, also von der zivilen zur katholischen Trauung, zu präsentieren und sich fotografieren zu lassen. Oder aber ein paar Skater absolvieren auf dem in Generationen glattgeschliffenen Steinbelag ihre Kunststücke. Frauen auf dem Heimweg von der Arbeit bleiben auf einen Tratsch mit Freundinnen stehen, Rad fahrende Touristen stoppen fürs Erinnerungsbild, was eben passiert auf einem schönen, mediterranen Platz. Der Cappuccino duftet verführerisch, und irgendwann hat man vielleicht auch Lust, die wenigen Stufen zu erklimmen zur Kunstgalerie im ersten Stock. Es lohnt sich (fast) immer!

**Wo?**

Titov trg, 6000 Koper,
https://visitkoper.si

**Wann?**

Am schönsten nachmittags

**Wichtiges**

Golden Loggia Koper, Titov trg 1,
https://loggia-koper.com, tgl.
8–23 Uhr;
Galerija Loža, Di–So, Winter
10–17 Uhr, Sommer 13–20 Uhr,
www.obalne-galerije.si

# 50 Tastes of Salt. Ungewöhnliche Kombinationen machen es zu etwas ganz Besonderem.

Die kleine Boutique in Kopers Altstadt fällt durch die bunten Döschen im Schaufenster auf. „Barba Sol", der Name auf dem Ladenschild, trägt nicht wesentlich zur Aufklärung bei. Was wird hier verkauft? „Come in", fordert Davor Podbevšek die unschlüssigen Passanten auf, in denen er gleich Nicht-Slowenen erkennt. Denn Einheimische hätten ja längst von seinem eigenwilligen Projekt gehört, slowenische Medien sind voll davon.

**Natürliche Ingredienzien**

Davor stellt „Fusion-Salt" her und legt auf diesen Begriff besonderen Wert. Aromatisiertes Salz wäre verständlicher, klingt aber doch sehr nach Chemie. Die spielt im kreativen Prozess der Salzherstellung bei Davor aber ganz und gar keine Rolle. Er verwendet ausschließlich Salz und Salzblüte *(Fleur de Sel)* aus den einheimischen Salinen von Sečovlje, wo das Mineral seit Jahrhunderten in einem von Gezeiten, Wind und Natur bestimmten Prozess gewonnen wird. Diesem fügt er Gewürze, Kräuter und andere den Geschmack intensivierende, natürliche Stoffe bei und verpackt sie in bunte Döschen – siehe Schaufenster. Auf die Idee sei er durch einen Zufall gekommen, berichtet er, und dem Ideenreichtum sind kaum Grenzen gesetzt. Salz mit Kürbiskernöl, Ingwer, Steinpilzen, Chilli, Wein .... Das sind noch die gängigsten Varianten. Das Ausgefallenste, das er bislang herstellte, war Salzblüte mit einer Reduktion aus Malvazija-Wein, Sepiatinte, Wolfsbarschhaut und Blattgold. Für einen Kunden aus Dubai, versteht sich von selbst!

**Slowenische Gourmet-Mafia**

Davor wäre kein Slowene, nutzte er nicht ein Netzwerk von Verbindungen zu anderen Produzenten außergewöhnlicher Lebensmittel: Das Kürbiskernöl kommt natürlich von Kocbek, der Wein von Edi Simčič, dem neuen Star am slowenischen Winzerhimmel, der Essig von Joško Sirk, der jenseits der Grenze, im italienischen Friaul, mit neuen Methoden experimentiert. Neben dem eigenen Salz verkauft Davor auch Öle, Schokoladen, Weine und Essig der Kollegen. „Reich werde ich gewiss nicht damit", meint er zum Abschied, „aber ich habe meinen Traumjob gefunden!"

**Wo?**

Barba Sol, Čevljarska ulica 7, 6000 Koper, Tel. +386 70665013, auf Facebook

**Wann?**

Di–Fr 8–16 Uhr, Sa 9–13 Uhr

**Wichtiges**

Auch Joško Sirks Essig probieren. Er stellt ihn nicht aus Maische, sondern direkt aus Trauben her. Eine kulinarische Kostbarkeit!

# Das Lokomotivchen. Eine Bummelbahn fürs istrische Hinterland.

Wer in Koper mit Bus oder Bahn anreist, wundert sich wahrscheinlich etwas über das bullige, nicht gerade elegante Gefährt, das als historische Lokomotive den Bahnhofsvorplatz ziert. Es ist eine U37 der k. u. k.-Österreichischen Staatsbahnen, und war auf der Parenzana eingesetzt. Die Schmalspur-Bahnlinie verband von 1902 bis 1935 Triest mit Parenzo (heute Poreč) in Istrien.

### Unterwegs mit 17 km/h

Für die 123 Kilometer bis Poreč benötigten die Dampflokomotiven der Baureihe U (später abgelöst durch Baureihe P) knapp sieben Stunden. Weil die Bahn vorrangig dem Warentransport diente, spielte dieses Schneckentempo keine große Rolle. Wenn es den Passagieren zu öde wurde, gingen sie ein Stück zu Fuß nebenher. Auch für den Verlauf der Trasse, die von der Küste bei Savudrija einen großen Bogen landeinwärts schlägt, um bei Poreč ans Meer zurückzukehren, gaben wirtschaftliche Gründe den Ausschlag: Die inneristrischen Regionen um Grožnjan und Motovun, in denen intensiv Landwirtschaft betrieben wurde, konnten ihre Produkte nicht in die größeren Städte liefern – es gab keine Verkehrsverbindungen. Und Küstenstädte wie Rovinj und Poreč waren von Triest aus nur mit dem Schiff erreichbar. Produkte wie Salz, Fisch, Wein, Olivenöl, Vieh, Holz und Kalkstein, der ganze Reichtum Istriens, wurde kaum genutzt.

### Ab nach Äthiopien

Die Freude freilich währte nicht lange. 1935 drehte Benito Mussolini – die Region war mittlerweile italienisch – dem Bähnchen den Geldhahn ab, es war unwirtschaftlich. Inneristrien fiel in seinen Dornröschenschlaf zurück. Mussolini ließ gar die Schienen abbauen, um sie nach Äthiopien zu verschiffen, wo sie seinen kolonialen Ambitionen dienlich sein sollten. So weit kam es aber nie. Das Schiff mit den Schienen ging in einem Sturm unter. Blieb eine schienenlose Bahntrasse mit neun Tunnel und sechs Viadukten. Aus der machten Italiener, Slowenen und Kroaten ab 2008 einen der beliebtesten, aber auch anspruchsvollsten Bahntrassen-Radwege Istriens. Nichts für Einsteiger, aber ein Riesenspaß für ambitionierte Biker.

**Wo?**
Lokomotive U37 am Bahnhof von Koper; Parenzana-Radweg vom italienischen Triest über das slowenische Koper bis ins kroatische Poreč (www.parenzana.net).

**Wann?**
Befahren der Parenzana möglichst nicht bei den hohen Temperaturen im Sommer

**Wichtiges**
Bahntrassen-Radweg nur für Mountainbikes geeignet

# Pinienallee mit Geschichte – von der Schmalspurbahn zum Naturdenkmal.

Solche Motive kennt man sonst eher aus dem benachbarten Italien, genauer aus der Toskana. Folgt man der Küstenstraße von Koper in Richtung Piran, tauchen kurz nach dem Hafenstädtchen Izola Gruppen alter Pinien auf, mal links, mal rechts der Straße. Nach der Abzweigung in Richtung Strunjan verdichten sich diese Gruppen zu einer einzigartigen Allee, einem grünen Dach, unter dem der Verkehr dahintrottet, denn Staus sind hier fast immer programmiert. Es bleibt also Zeit genug, dieses Naturdenkmal zu bewundern. Ältere Bewohner der slowenischen Küste, die mit rund 46 km Länge wohl zu den kürzesten nationalen Küstenabschnitten der Welt gehören dürfte, erinnern sich, dass die Bäume in den 1930er-Jahren gepflanzt wurden. Damals entlang der gesamten Küstenstraße, die Koper über Izola mit Piran verband. Sie ersetzte die Schmalspurbahn Parenzana, die Mussolini 1935 stilllegen ließ.

**Bedrohte Schönheit**

Wohnungs- und Hotelbau sowie die Gefahr von Unfällen haben dieser Allee zum größten Teil den Garaus gemacht. Dass die heute noch stehenden 110 Pinien schon häufig Bekanntschaft mit aus der Spur geratenen Autofahrern gemacht haben, sieht man ihnen an. Dass sie dringend mehr Platz zum Wachsen bräuchten ebenfalls. Ihre Wurzeln brechen den Asphalt immer wieder auf. Immerhin wurde die Allee 2004 zum Naturdenkmal erklärt, und seit einigen Jahren ruckelt der Fernverkehr nicht mehr über dieses schmale, bergauf, bergab mäandernde Sträßchen, sondern über die landeinwärts geführte Schnellstraße.

**Ein grünes Schattendach**

Davon profitieren Anwohner wie Freizeitsportler, denn entlang der Straße und im Schatten der weit über sie gebeugten, mächtigen Pinienkronen verläuft eine reizvolle Radstrecke, genauer gesagt der slowenische Abschnitt der Parenzana-Radtrasse. Stichsträßchen und -wege führen immer wieder zum Meer und an Strände wie jenen der „Weißen Felsen", *Bele Skale* gegenüber von Izola oder den Strandstreifen von Strunjan, dessen malerisches Hinterland das Naturschutzgebiet einer aufgelassenen Saline bildet.

**Wo?**

Regionalstraße Koper – Izola – Piran, Pinienallee ab Strunjan

**Wann?**

Zu jeder Jahreszeit

**Wichtiges**

Parallel verlaufende Parenzana-Radtrasse, www.parenzana.net

# Keine Angst vor spitzen Steinen. Gebrauchsanweisung für die slowenische Küste.

46 km Küste, aber nur ein einziger und dazu künstlich aufgeschütteter Sandstrand – klingt das attraktiv? Die alten Slawengötter haben Slowenien mit jeder Menge Naturschönheiten, aber einer sehr sperrigen, steinigen Küste gesegnet. Was also tun an einem warmen Sommertag? Das Meer lockt, aber der Weg hinein schreckt eher ab.

**Balanceakt mit Haltung**

Er hält zumindest viele Touristen ab, aber die haben ja den weiten Sandstrand von Portorož zur Verfügung, an dem man für Liegestühle und Sonnenschirme bezahlt wie in Italien. Die Slowenen haben aus dem Baden auf zackigen Felsen oder betonierten Plattformen eine Kunst gemacht und kämen nie auf die Idee, sich auf Sand niederzulassen, der in jede Ritze dringt und noch Tage danach aus der Strandtasche rieselt. Als Paradebeispiel für die Freude an harten und nicht immer bequemen Unterlagen mögen die Küstenfelsen entlang Pirans Prešernovo nabrežje gelten. So heißt die Promenade, die einmal um die schmale Halbinsel führt und gesäumt ist von aufgetürmten Felsbrocken gegen die Unbilden des Meeres. Ab der Spitze und in ihrem nördlichen Bereich wird sie regelmäßig von Sonnenanbetern erobert, manchmal sind es so viele, dass sich Handtuch an Handtuch, Klappstuhl an Liege sogar über den Gehweg ausbreitet. An einigen Stellen helfen Leitern, den Einstieg ins Wasser etwas eleganter hinzubekommen. In den meisten Fällen aber balancieren die Badenden wild fuchtelnd, mit mehr oder weniger Geschick (und empfindlichen Sohlen) über die Steinbarriere ins kühle Nass.

**Und abends Party**

Das tut dem Spaß keinen Abbruch, und Badeschuhe anzuziehen, wie es die blassen „Weicheier" aus dem Norden tun, ist keine Option für die Einheimischen. Gegen Abend mutiert der wilde Strand zur Sundowner-Location, denn natürlich geht die Sonne sehr fotogen hinter der nächsten Landzunge unter, manchmal dekoriert von einer Bordüre verschneiter Alpengipfel. Irgendeiner hat vielleicht eine Gitarre dabei, den Spritz im Glas liefern die Cafés und im Licht des Abendrots werden selbst die schroffen Felsen weich. Portorož mit seinem Sandstrand kann da nur den Kürzeren ziehen.

**Wo?**
6330 Piran, Uferpromenade Prešernovo nabrežje

**Wann?**
Juni bis September, besonders lebhaft an den Wochenenden

**Wichtiges**
Lieber vorsichtig sein und Badeschuhe anziehen.

# Hinter den Kulissen von Piran. Wo Sloweniens Küstendiva noch ganz authentisch ist.

Piran ist ein Postkartenidyll: Halbinsel, eng aneinander gekuschelte Altstadthäuschen, ein winziger Hafen, ein Leuchtturm und auf einer Anhöhe darüber die Kirche des hl. Georg. Auf dem Hauptplatz schwingt das Denkmal von Giuseppe Tartinis (1692–1770) den Geigenbogen. Der in Piran geborene Geigenvirtuose und Barockkomponist ist mit dem Teufel im Bunde, tratschten seine Zeitgenossen, anders sei sein musikalisches Genie nicht zu erklären.

**Vom Tartiniplatz zum Leuchtturm**

Die wichtigsten Punkte sind schnell besichtigt: Eben jener nach Tartini benannte Platz mit dem schmalen, gotischen Haus, in dem ein reicher Kaufmann aus Venedig seine slowenische Kurtisane vor der Ehefrau verbarg, die schmale Landzunge bis zum Leuchtturm, auf der sich Restaurant an Restaurant reiht, die Kirche mit ihrer Aussichtsterrasse, von der man bei klarem Wetter über den Golf von Triest bis zu den Alpen blickt. Einen Espresso noch, dann zurück zum Auto und weiter.

**Licht und Schatten**

Die Autorin dieses Bandes verbrachte an Sloweniens Küste viele glückliche Sommerferien, nur den Besuch in Piran hat sie als Kind gefürchtet. Er führte in das Dunkel der schmalen Gassen hinter dem Tartini-Platz. Die Wäsche auf den Leinen zwischen den Häusern verschluckte den letzten Rest Sonnenlichts, es roch nach Fisch und Katzen. An der Hand der Mutter ging's eine steile Stiege hinauf zur alten Nora, der Kartenlegerin: Geheimnisse wurden enthüllt, Liebesglück angekündigt und vor Krankheit gewarnt. Die Mutter war ganz Ohr, das Kind starr vor Angst. Dann ein Knicks, und man durfte gehen.

Die Wäsche flattert immer noch über den schattigen Gassen, eine schwarze Katze kreuzt den Weg von rechts nach links, doch was früher bedrängend wirkte, erscheint heute malerisch, ja sogar romantisch! Zum Meer hin zeigt Piran Bilderbuchkulisse, dahinter lädt es zur Zeitreise hundert Jahre zurück. Es lohnt sich, ziellos herumzustreunen, venezianische Fenster zu bestaunen und Oleanderbüsche in winzigen Innenhöfen, die alten Damen auf ihren Stühlen vor den Häusern zu grüßen und verführerischen Duftwolken aus Knoblauch und Fisch zu folgen. Vielleicht führt der Weg schließlich zu Frau Nora, die die Zukunft kennt!

**Wo?**

6330 Piran, Altstadt

**Wann?**

Zu jeder Jahreszeit

**Wichtiges**

Die Altstadt ist für den Verkehr gesperrt. Parkhaus am Ortseingang

# Wellness einmal anders – regional, nachhaltig und umschmeichelt von Sonne und Wind.

Man muss dieses Licht mögen. Es ist hart, grell, flirrend und rundherum nichts als braungraue, flache Erde. Das Thalasso Spa „Lepa Vida" hat sich sicherlich nicht den landschaftlich schönsten Platz an der kurzen slowenischen Küste ausgesucht, auf jeden Fall aber den faszinierendsten und nachhaltigsten.

**Aus den Salinen auf die Haut**

Denn alles, was hier für die Treatments verwendet wird, kommt aus der unmittelbaren Umgebung. Salzschlamm und Salzlake sind im Überfluss vorhanden, dazu gesellt sich das besondere, salzgesättigte Aerosol, denn das Spa ist eine komplette Open-Air-Anlage. Keine Innenräume, keine stickigen Massage-Kabäuschen, nur reine, frische Meeresluft. *Lepa Vida,* die „Schöne Vida" nach einer slowenischen mystischen Frauengestalt, hat sich an der äußersten Spitze der Salinenlandschaft von Sečovlje angesiedelt, dort, wo das Salzmarschland übergeht ins Meer. Kabinen, Massagebetten, Duschen – alles ist in ständig von Wind und Sonne durchlüfteten Holzhütten untergebracht, die um ein zentrales Wasserbecken angeordnet sind. Nur Stoffbahnen oder Vorhänge schaffen etwas Intimität. Und da das Spa vor neugierigen Blicken aus der weiteren Umgebung kaum geschützt ist, tragen die Gäste am Meerwasserpool und an den Kneippbecken Badekleidung.

**Massage und Mystik**

Natürlich nicht bei den Anwendungen oder dem Bad in kostbarer Salzlake, die auch aqua madre, Mutterwasser, genannt wird und mit Brom, Jod und Magnesium heilt. Auch nicht bei den Massagen, die lobenswerterweise auf exotischen Firlefanz verzichten und sich auf klassische, europäische Formen beschränken. Oder bei einem Peeling mit grobem Salz, gefolgt von einer hautreinigenden Packung mit Salzschlamm. Sind Geist und Körper gereinigt, entspannt, angeregt, dann verwandelt sich die anfangs noch als deprimierend empfundene Landschaft in eine schimmernde Weite, die Gedanken und Träumen jeden Raum lässt. Vielleicht taucht dann auch die Schöne Vida auf, die heidnische Slawenpriesterin, die auf der Bleder Insel das Christentum annahm.

**Wo?**

Lepa Vida Thalasso Spa,
Seča 115, 6320 Portorož,
Tel. +386 56721360,
www.thalasso-lepavida.si

**Wann?**

Mai, Sept., tgl. 10–18 Uhr,
Juni–Aug. tgl. 9–20 Uhr,
nur bei schönem Wetter

**Wichtiges**

Badesachen nicht vergessen!

# Weißes Gold und Meeresblüten. Wirtschaft und Natur bilden eine Symbiose.

Mittags flirrt die Luft über den Verdunstungsbecken. Die niedrigen Häuschen der Salinenarbeiter – sie scheinen zu flackern wie die Fieberbilder einer Fata Morgana. Kein Laut ist zu hören, es ist, als halte die Natur den Atem an. Schier unerträglich erscheint die Sommerhitze über den Salinen von Sečovlje, die mit ihrem geometrischen Muster aus Kanälen und Pools die Bucht südlich von Piran nahezu ausfüllen. Genau diese Hitze ist es, die das in die Becken geleitete Meerwasser verdunsten lässt. Zurück bleibt reines Meersalz.

**Tradition und Know-how**

Dazu sind diverse Arbeitsschritte nötig, die das kleine Salinenmuseum anschaulich erklärt. Noch anschaulicher ist die praktische Arbeit, die Besucher im Sommerhalbjahr in den Salinen beobachten können. Wirklich erstaunlich ist die „Ernte" der Salzblüte: Sobald sich die erste kristalline Schicht auf dem Wasser gebildet hat, wird sie von Hand und mit ungeheurer Vorsicht abgetragen. Es ist, als sammle man Schneekristalle. Früher siedelten die Arbeiter mit ihren Familien aus Piran in die Salinen um, dort lebte man von St. Georg (23. April) bis St. Bartholomäus am 25. August. Noch heute gelten diese beiden Daten als verbindlich für die Salzgewinnung, die meisten Häuschen aber sind verfallen.

**Biotop in den Salinen**

Das Besondere an den Salinen von Sečovlje ist, dass sie als Landschaftspark bewirtschaftet werden. Allerdings nur die Hälfte des Areals. Der Rest ist ganz und gar den natürlichen Prozessen überlassen, die sich durch Süß- und Salzwasser, Ebbe und Flut, Winter und Sommer in so einem Marschland vollziehen. Wer genau hinsieht, kann niedrige, mit Salz überzogene, tiefgrüne Pflanzen entdecken, die als Meeresspargel zu den kulinarischen Highlights moderner Gourmets gehören (und früher die Arme-Leute-Nahrung der Salinenarbeiter bildeten). Oder aber Silber- und Graureiher, die im flachen Wasser nach Salinenkrebsen gründeln. Im Frühjahr und Herbst machen riesige Zugvogelschwärme Rast und überziehen die stille Landschaft mit heftigem Geschnatter und Gezirpe.

**Wo?**

Krajinski Park Sečovljske soline, Parecag 290, 6333 Sečovlje, Tel. +386 56721341, www.kpss.si

**Wann?**

Winter tgl. 8–17 Uhr, Sommer 8–21 Uhr

**Wichtiges**

Ein kleiner Salinenladen verkauft Salz, Salzblüte und diverse andere Naturprodukte.

»Kein Laut ist zu hören, es ist, als halte die Natur den Atem an.«

# Wenn Gevatter Tod zum Tanze bittet – ob arm, ob reich, vor ihm sind alle gleich.

Kirche oder Festung? Angesichts der Wehrkirche von Hrastovlje, eines Dorfes im Hinterland der Hafenstadt Koper, stellt sich die Frage zu Recht. Die Wehrmauer um das Kirchlein ist so hoch, dass es dahinter beinahe verschwindet. Im 15. Jh. kamen osmanische Truppen immer wieder gefährlich nah. Dann flüchteten sich die Menschen in die Kirche.

### Auseinandersetzung mit dem Tod

Vielleicht war es die ständige Nähe des drohenden Todes, vielleicht auch nur eine Mode, denn das Motiv des *dance macabre* war im Mitteleuropa des 15. Jhs. weit verbreitet: Um 1490 bemalte ein Künstler namens Janez von Kastav Wände und Decke der Kirche mit gotischen Fresken, deren Farben bis heute strahlen. Sie zeigen Apostel, Mariens Krönung, die Heiligen Drei Könige – und entlang der gesamten Südwand einen Totentanz. Es ist eine fast ironische Darstellung: Man sieht förmlich, wie der Papst vor dem kalten Grab zurückweicht, der Bischof sich gegen den Tanz stemmt, wie der Krämer versucht, den Tod mit Geld zu bestechen. Aufgereiht sind die Herrschaften streng nach gesellschaftlichem Status – ganz hinten tanzt das neugeborene Kind.

Heute erläutert eine Ton-Licht-Schau in verschiedenen Sprachen die Geschichte der Kirche und die Bedeutung der Fresken. Das ist sehr interessant, aber auch ein bisschen schade. Vor dieser Neuerung konnte man einfach still inmitten dieses biblischen Bilderbuches sitzen und über dessen Bedeutung meditieren. Aber natürlich müssen die Fresken geschützt werden. Die Kirche wird deshalb nur auf Anforderung geöffnet. Manchmal sitzt jemand im Kassenhäuschen davor, in besucherarmen Zeiten wählt man die angegebene Telefonnummer, die Kustodin wohnt gleich nebenan und sperrt auf.

### Wehrtürme am Karstabbruch

Interessant ist das gesamte Tal entlang des schroffen Karstabbruchs zwischen Črni Kal und der kroatischen Grenze bei Rakitovec. An der Abbruchkante sind noch Reste mehrerer Wehr- bzw. Beobachtungstürme erhalten, etwa bei Zanigrad. Alles, so scheint es, diente hier der Verteidigung gegen Angreifer von Land wie vom Meer.

**Wo?**

Hrastovlje 19a, 6275 Črni Kal, Tel. +386 31432231

**Wann?**

Juni–Sept. 9–17 Uhr, sonst anrufen

**Wichtiges**

In der „Gostilna Švab" schräg gegenüber auf einen Imbiss mit Karstspezialitäten (Hrastovlje 53, www.gostilnasvab.com)

# Von umgesiedelten Deutschen, kämpfenden Partisanen und slowenischen Braunbären.

*Kočevski rog,* der Hornwald im Süden Sloweniens zählt mit 150.000 Hektar zu den größten zusammenhängenden Waldlandschaften Europas. Das karstige Hochplateau ist von den Menschen der umliegenden Dörfer als Schweifgebiet der slowenischen Braunbären gefürchtet; als Zufluchtsort der slowenischen Partisanen wurde er im Zweiten Weltkrieg berühmt. Und als Lebensraum der Gottscheer bildete er 600 Jahre lang eine deutschsprachige Siedlungs- und Sprachinsel im slawischen Raum. Bis Hitler kam.

**Partisanenstadt im Wald**

Aber zunächst heißt es, von Kočevje, dem Hauptort der Region, in den Wald zu finden. Hinweisschilder führen zunächst zur Baza 20, einem Partisanenlager, in dem das politische Kommando des slowenischen Widerstands 1943/44 Schutz suchte. Die Topografie des Karstes kam den Partisanen entgegen. Seine vielen Dolinen, also Einsturztrichter, verbargen Wohngebäude, Druckerei, Lazarett. Die kleine, halb unterirdische Stadt wurde von den italienischen bzw. deutschen Besatzern nie entdeckt. Manchmal hat der sympathische Kustos des Museums aus Novo mesto, der für Baza 20 zuständig ist, Zeit, das Areal zu zeigen und zu erklären. Nicht entgehen lassen!

**Korbflechter und Hausierer**

Im 13. Jh., unter Oberhoheit der Grafen von Ortenburg, ließen sich im Gottschee *(Kočevje)* deutsche Siedler nieder. Das Land war fruchtbar, der Wald lieferte Holz, und ab 1492 durften die Gottscheer aufgrund kaiserlichen Erlasses hausieren. Sie verkauften Korbwaren, Holzlöffel und Leintücher. Die deutsche Sprachinsel überdauerte Grafen und Kaiser, sogar das Königreich Jugoslawien, aber nicht Hitler. Er wollte die Deutschen auf deutschem Boden sehen und siedelte sie um. Nicht alle folgten, einige schlossen sich den Partisanen an. Aber die Dörfer wie Nesseltal *(Koprivnica)* verfielen, nur noch Kirchtürme und Grabsteine erzählen vom erzwungenen Exodus. Nach dem Krieg wurden die Umgesiedelten erneut vertrieben. Heute leben Gottscheer in allen Teilen der Welt. So endete ein 600 Jahre währendes, weitgehend friedliches Zusammenleben von Slowenen und Deutschen.

**Wo?**

Partisanen: Baza 20, Podstenice 4, Anfahrt ab Kočevje oder Dolenjske toplice ausgeschildert, www.dolenjskimuzej.si. Gottschee: Dorf/Friedhof Nesseltal/Koprivnik liegen rund 15 km südöstlich, www.kocevskirog.si

**Wann?**

Baza 20, Mo–Fr 8–16 Uhr, nicht im Winter

**Wichtiges**

Für eine Führung durch Baza 20 telefonisch anmelden. Kočevski rog nur mit Geländewagen befahren!

# Der Schatz im Acker – Archäologie zum Bestaunen und Verstehen.

*Novo mesto,* Neustadt also, besitzt eine sehr malerische Lage. Die Altstadt drängt sich um einen Hügel, den eine Schleife des Flüsschens Krka umschlingt. Gut geschützt war dieser Siedlungsplatz, dazu umgeben von fruchtbaren Böden, ausreichend Wasser und gut abbaubaren Bodenschätzen. Die Eisenvorkommen sind nicht tief im Erdreich verborgen, sondern oberflächennah. Auch Quarzitsand für die Spezialglasherstellung ist vorhanden. Das Holz für den Produktionsprozess lieferten die dichten Wälder.

**Die Netzwerker von Novo Mesto**

Ideale Bedingungen also für Kulturen der Eisenzeit, deren Zeugnisse Archäologen in der Umgebung von Novo mesto und in der Stadt selbst in großer Zahl aus dem Boden bargen und noch bergen. Welches Volk hier siedelte und Werkzeuge und Waffen aus Eisen, elegant geformte Glasperlen und fein gehämmerte Bronzegefäße herstellte, wissen die Archäologen nicht. Aber dass es sich um eine wohlhabende und gut mit europäischen Handelspartnern vernetzte Kultur gehandelt haben muss, belegen die Grabungsfunde. Unter denen finden sich Bernsteinketten aus dem Baltikum ebenso wie griechische Tonwaren. Die wichtigsten Entdeckungen wurden nördlich des heutigen Stadtbereichs gemacht. Auf dem Feld Kapiteljska njiva stießen die Forscher auf einen Friedhof mit Grabstätten vom Ende der Bronze- bis zur jüngeren Eisenzeit. Und in so gut wie jeder auf Beigaben aus dem 8. bis 4. Jh. v. Chr.

**Archäologische Preziosen**

Mit archäologischen Funden ist das ja so eine Sache. Sie sind interessant, aber leider oft sehr verstaubt präsentiert. Da hat sich das Dolenjski muzej von Novo mesto etwas Anderes vorgenommen. Gold- und Glasschmuck, Dolche, goldglänzende Gefäße mit bildhaften Reliefs, elegant geformte Tonschalen – sie werden präsentiert wie kostbare Unikate, perfekt ausgeleuchtet, knapp erklärt. Es ist eine Freude, durch die archäologische Abteilung des Museums zu wandeln und die über 2000 Jahre alten Zeugnisse einer unbekannten Kultur zu bewundern, der schließlich die Eroberungszüge Roms den Garaus machten. Das Lieblingsexponat der Autoren ist übrigens die nur fragmentarisch erhaltene, aber ungemein fein gearbeitete Bronzesitula (Gefäß), die um 400 v. Chr. gefertigt wurde.

**Wo?**

Dolenjski muzej, Muzejska ulica 7, 8000 Novo mesto, Tel. +386 73 731111, www.dolenjskimuzej.si

**Wann?**

Di–Sa 9–17 Uhr, So 9–14 Uhr

**Wichtiges**

Auch die Ausstellung zur jüngeren Geschichte (Razstava novejše zgodovine (NOB)) ist interessant.

# Heilende Kräuter und heilendes Wasser in einem nicht alltäglichen Kloster.

Außergewöhnlich ist der Hauptaltar: Jeder, der die barocke Klosterkirche von Olimje betritt, wird geradezu magisch angezogen von diesem sich in Schwarz und Gold auftürmenden Ensemble im Chorschluss des strahlend hellen Gotteshauses. Er gilt als einer der schönsten Barockaltäre Sloweniens. Der Eigenwilligste ist er zweifelsohne.

**Vom Schloss zum Konvent**

Außergewöhnlich wirkt aber auch der gesamte Baukomplex mit Rundturm und dunkelgrauen Barockfresken. Ein Kloster sieht normalerweise anders aus. Tatsächlich haben Kirche und Kloster von Olimje eine bewegte Geschichte. Um das 11. Jh. als Herrensitz errichtet, erfuhr das Anwesen im 15. Jh. und im Angesicht der Türkengefahr eine wehrhafte Umgestaltung im Geist der Renaissance. Mitte des 17. Jhs. wechselte das Schloss den Besitzer; dieser baute es zum Kloster um und schenkte es den Paulinern, unter deren Ägide die Kirche errichtet wurde und die historische Apotheke entstand. Die Josephinischen Reformen beendeten 1781 das Klosterleben abrupt. Erst 1999 und nach weiteren Eigentümerwechseln zogen wieder fromme Brüder ein, diesmal Minoriten. Sie legten einen Heilpflanzengarten an, belebten die Apothekentradition und stellen Naturheilmittel her, deren Heilkraft in Slowenien gerühmt wird. Das Kloster ist deshalb viel besucht.

**Eine ungewöhnliche Heilquelle**

Da viele Slowenen an Kraftorte glauben, liegt es nur nahe, auch in Olimje eine solche Kraft zu vermuten. Nicht nur wegen der großen Heilungserfolge der Tinkturen und Pülverchen aus der Klosterapotheke, sondern weil hier auch heilkräftiges Wasser aus dem Boden sprudelt, dem Wunder bei der Behandlung orthopädischer Beschwerden zugesprochen werden. Das Wasser ist leicht radioaktiv, weshalb das Heilbad früher den Namen *Atomske Toplice,* Atomquellen, trug. Heute gibt man sich einen zeitgemäßeren Anstrich, nicht nur in der Gestaltung von Therme, Aquapark und Hotels, sondern auch im Namen, Terme Olimia. Übrigens: Die Pauliner nutzten das Heilwasser bereits im 17. Jh. in ihrer Apotheke.

**Wo?**

Samostan Olimje, Olimje 82, 3524 Podčetrtek, Tel. +386 3582 9161, www.visitpodcetrtek.com; Terme Olimia, Zdraviliška cesta 24, 3254 Podčetrtek, Tel. +386 3 829700, www.terme-olimia.com

**Wann?**

Kloster Mo–Sa 9–12, 13–17 Uhr, So 13–19 Uhr

**Wichtiges**

Unter slowenischen Wellness-Pilgern ist die Terme Olimia sehr beliebt – also besser nicht an den Wochenenden besuchen!

# Ein Symbol einstiger Größe. Wie die Cillier Grafen Sloweniens Unabhängigkeit verspielten.

*Stari Grad,* die „alte“ Burg von Celje, ist nicht nur die mächtigste Wehranlage Sloweniens, sie galt in ihrer Blütezeit auch als größte Veste im östlichen Alpenraum. Im 12. Jh. auf einen Hügel oberhalb von Celje und des durch die Stadt mäandernden Flüsschens Savinja gesetzt, breiteten sich die später angebauten Teile schließlich auf 5500 m² und über drei Anhöhen aus. Reisenden muss Stari Grad einen imposanten Anblick geboten haben. Im 17. Jh. verlor die Burg schließlich an Bedeutung und verfiel. Erst in den letzten Jahren bemüht sich die Gemeinde Celje um ihre Instandsetzung und Nutzung. Ritterspiele werden aufgeführt, Konzerte veranstaltet, und sie ist Celjes auffälligste Touristenattraktion.

**Keine Burg ohne Gruselgeschichte**

Wie bei allen bedeutenden Burgen ranken sich Legenden um das Gemäuer. Natürlich ist da ein Schatz vergraben, bewacht von einem Hund mit glühenden Augen und Krallen wie ein Löwe. Ein mutiges Mönchlein machte sich trotzdem daran, den Schatz auszugraben, tief im Vertrauen auf den Schutz seines Kruzifixes. Nichts war's! Der Hund stürzte sich auf den Mann, und als die Bauern ihn am nächsten Morgen fanden, lag er starr vor Angst unter Erde und Geröll vergraben.

**Hochzeiten und Intrigen**

Für die Slowenen besitzt diese Burg aber noch eine ganz andere Bedeutung: 1333 kamen hier die Herren von Sanneck *(gospodje Žovneški)* an die Macht und stiegen 1341 zu den Grafen von Celje (damals Cilli) auf. Bestens im europäischen Adel vernetzt, verheirateten sie ihre Töchter prestigebringend an die führenden Herrscherhäuser und erreichten einen Grad an Autonomie, der sie mehr oder weniger unabhängig agieren ließ. So mancher heutige Slowene sieht in dieser Grafenherrschaft des 14./15. Jhs. die Wurzel slowenischer Unabhängigkeit, doch sie war nur von kurzer Dauer. Die Grafen hatten sich viele Feinde gemacht und 1456 schlugen diese zurück. Ulrich II. wurde in Belgrad ermordet – und starb ohne Erben. Die Grafschaft, die mittlerweile auch Gebiete Ungarns und Kroatiens umfasste, fiel an die Habsburger. Der Traum von Sloweniens Unabhängigkeit wurde erst 1991 wieder wahr.

**Wo?**

Celjski grad (Stari grad), Cesta na grad 78, 3000 Celje, Tel. +386 35443690, www.visitcelje.eu

**Wann?**

Dez./Jan. 10–16 Uhr, Feb., Nov. 9–17 Uhr, März, Okt. 9–18 Uhr, April 9–19 Uhr, Mai, Sept., 9–20 Uhr, Juni–Aug. 9–21 Uhr

**Wichtiges**

Die Burg ist eine beliebte Hochzeitslocation und deshalb im Sommerhalbjahr öfter mal geschlossen.

# Hinaus in die Welt um jeden Preis. Die Geschichte der Welt-reisenden Alma Karlin.

Wahrscheinlich fragen sich viele Leute, was dieses Denkmal soll. Mitten auf Celjes Krekov trg schreitet da eine kleine, ältlich wirkende Bronzedame in Mantel und Hut und einem Koffer in der Hand energisch aus. Ein bisschen verbissen und nicht gerade glücklich wirkt sie. Ihr Name: Alma Karlin.

**Exzentrisch mit kühnem Geist**

Glücklich war Almas Start ins Leben gewiss nicht: Am 12. Oktober 1889 in Celje, damals noch Cilli, geboren, attestierten ihr die Ärzte einen Wasserkopf und eine halbseitige, wenn auch leichte Lähmung. Vater k. u. k.-Offizier, Mutter Lehrerin, Haushalt deutschsprachig– das „missgebildete" Mädchen erhielt dank des guten Hauses dennoch eine Chance und durfte Sprachen studieren in Graz und in London. Dort verlobte sie sich mit einem chinesischen Offizier und widmete der (gescheiterten) Bindung ihren ersten Roman „Mein kleiner Chinese". An Exzentrik mangelte es Alma nicht, ebenso wenig an Mut, und so startete sie völlig mittellos 1919 eine Reise, die sie in den folgenden neun Jahren einmal um die Welt führen sollte. Finanziert wurde das Unternehmen ganz im Sinne vom heutigen Work & Travel durch Jobs und Reiseberichte, die in deutschen, aber auch in japanischen Medien veröffentlicht wurden.

**Das Leben als Kampf**

Alma Karlin arbeitete ihre Reiseerlebnisse in Form von Büchern aus, die schnell große Verbreitung fanden. In den 1930er-Jahren wurde sie als bekannteste Reiseschriftstellerin des deutschsprachigen Raumes hofiert, zugleich aber verboten die Nationalsozialisten ihre Werke. Karlin landete schließlich im Gestapo-Gefängnis zu Maribor, sollte ins KZ deportiert werden und wurde dank einer guten deutschen Freundin auf freien Fuß gesetzt. Was tat Alma? Sie schloss sich den Partisanen an. 1950 starb sie, verarmt und vergessen, in Celje, wo sie mit besagter Freundin lebte und bei den Nachbarn als „Lesbe" verschrien war. Damals eine vernichtende Unterstellung, gegen die sich die Freundin zeitlebens (und vergeblich) wehrte. Ein wirklich furchtloses, unruhiges und neugieriges Leben. So wie ihr bronzenes Ebenbild auf dem Krekov trg. Alma Karlins Bücher erleben gerade eine Renaissance.

**Wo?**

Krekov trg, 3000 Celje

**Wann?**

Immer

**Wichtiges**

Einige der Werke Alma Karlins wie „Einsame Weltreise“ (1928) oder „Im Banne der Südsee“ (1930) hat der Berliner Verlag AvivA 2020 neu aufgelegt.

# Was vom Kloster übrig blieb – eine Ruine im Tal erzählt Geschichte.

Wer es einrichten kann, betrete den Talschluss mit den Ruinen des Kartäuserklosters Žiče in den Morgenstunden, vielleicht gar an einem trüben, nebelverhangenen Tag. Ganz still ist es zwischen den steilen Berghängen, in deren Schatten sich die Überreste von Kreuzgang, Mönchszellen und Kirche als dunkle Schatten gegen das Grau der Felsen abheben. Kommt da gleich Edgar Wallace' „Unheimlicher Mönch" um die Ecke? Heult der Wind oder ist es der Geist des Klostergründers Ottokar III. von Steier? In der ihres Daches beraubten Basilika zwischen den wie Skelettknochen eines Wals in den Himmel ragenden Pfeiler der Spitzbögen scheint alles vorstellbar. Dann reißen die Wolken auf, die Sonne beleuchtet die Szene und der Spuk ist vorbei.

**Die Legende vom Hasen**

Unheimliches war schon bei der Gründung am Werk: Marktgraf Ottokar (1125–1164) war mit Dienern auf der Jagd, als ihn eine schneeweiße Hirschkuh immer tiefer in ein Tal lockte und dann verschwand. Erschöpft legten sich die Gefährten zum Schlafen nieder. Da erschien Johannes der Täufer als weiß gekleidete Gestalt dem Grafen im Traum und trug ihm auf, eben hier ein Kloster zu errichten. Im Augenblick des Erwachens sah Ottokar einen weißen Hasen, *zajec,* über die Wiese hoppeln, und benannte den zukünftigen Konvent nach der Erscheinung, *Seitz.*

**Weisheit hinter Wehrmauern**

Bis zur Auflösung der Klöster durch die Josephinischen Reformen 1782 stand das „Obere Kloster" (es gab auch ein unteres im Ort Špitalič, von dem nur noch die romanische Kirche erhalten geblieben ist) im Mittelpunkt der Forschungs- und Lehrtätigkeit der Kartäuser; es besaß angeblich eine der größten Bibliotheken Europas mit über 2000 Bänden (die meisten sind verloren gegangen). Vehement wussten sich die Mönche gegen Einfälle von Türken und Ungarn zu verteidigen – die mächtigen Wehrmauern und der Rundturm erzählen davon. An einem bedeutenden Handelsweg gelegen, besaß der Konvent ein eigenes Gästehaus, Gastuž, dessen Bewirtungsgeschichte bis aufs Jahr 1467 zurückgeht und in dem Besucher bis vor Kurzem Speisen nach mittelalterlichen Klosterrezepten verkosten konnten. Mit welchem Konzept die neuen Pächter 2023 antreten, ist noch offen. Auf jeden Fall ist für das Wohl von Leib und Seele gesorgt.

**Wo?**

Kartuzija Žiče, Špitalič pri Slovenskih Konjicah 9, 3215 Loče, Tel. +386 37523732, www.slovenskekonjice.si

**Wann?**

Di–So, April–Okt. 10–18 Uhr, Nov. 10–16 Uhr, Winter nur Sa, So 10–16 Uhr

**Wichtiges**

Die Wochenenden meiden, dann ist sehr viel los.

# Das Ufo auf der Weide. Vom slowenischen Traum, das Weltall zu erobern.

Unter den Slowenen gab und gibt es berühmte Erfinder, avantgardistische Künstler, tiefgründige Philosophen und kühne Visionäre. Einer, der all diese Talente in sich vereinte, war Hermann Potočnik (1892–1929).

**Potočniks Odyssee im Weltraum**

Der im (heute) kroatischen Pula Geborene und u. a. im slowenischen Bauerndorf Vitanje Aufgewachsene war eigentlich Brücken- und Eisenbahningenieur. Seine ganze Leidenschaft aber galt der Raumfahrt. Unter dem Pseudonym Herman Noordung veröffentlichte er 1929, in seinem Todesjahr, ein hoch visionäres Werk über die Raumfahrt: „Das Problem der Befahrung des Weltraums – der Raketenmotor". Darin entwarf er das Modell einer aus drei rotierenden Ringen bestehenden Raumstation, das in Wien als Fantasterei abgetan wurde. Später wurde es jedoch von der NASA ins Englische übersetzt und es soll deren damaligen Chef Wernher von Braun inspiriert haben. Tatsache ist, dass Potočniks „Wohnrad" Stanley Kubrick als Vorlage für die Raumstation in seinem Film „2001: Odyssee im Weltraum" diente.

**Raumfahrt und Popkultur**

Was dies alles nun mit Vitanje zu tun hat? Nun, hier landete 2012 ein Ufo bzw. eröffnete in silbriger, runder Metallhülle ein Museum, das wohl jedem Besucher auf den ersten Blick bizarr erscheinen muss – wie eine fliegende Untertasse zwischen weidenden Kühen. Auch nach erfolgter Besichtigung eröffnen sich Absicht und Zweck dieses KSEVT, das sich der „Non-terrestrial culture in becoming", der außerterrestrischen Kultur im Werden, widmet, nicht jedem. Es geht in der Ausstellung natürlich um Potočnik und das Wohnrad. Aber auch um die Einflüsse des Denkers auf das im Slowenien der 1970er- und 1980er-Jahre berühmte, alle konventionellen Ketten sprengende Theaterkollektiv NOORDUNG und auf die Post-Punk-Band „Laibach", deren Auftritte ebenso genial wie verwirrend sind. Ab und an sind sie auch im KSEVT zu erleben. Bleibt die Erkenntnis, dass Sloweniens Intellektuelle Kuhweiden und extraterrestrisches Leben aufs Beste zu vereinen wissen.

**Wo?**

KSEVT, Na vasi 18, 3205 Vitanje, Tel. +386 40300052, www.ksevt.eu

**Wann?**

Öffnungszeiten aktuell nachschauen

**Wichtiges**

Am besten vorher anrufen, die Ausstellung ist nicht immer zugänglich. Aber alleine das Äußere lohnt den Besuch.

# Wo der Wassermann wohnt. Dunkle Wälder, glitzernde Seen und eine Legende.

Die Legende geht so: In seiner Heimat, der Berglandschaft der Urška gora, wurde es dem Wassermann Jezernik zu ungemütlich. Zu viele Wanderer spazierten um seinen See, und dann bauten die Menschen auch noch eine Kirche, deren Geläut den alten Wassergeist in den Wahnsinn trieb. Kurzerhand zog er um auf das moorige Hochplateau der Lovrenški jezeri mit 21 tiefschwarzen Seen zwischen dichtem Latschenkiefergestrüpp. Hier störte ihn (vorerst) niemand, und ab und an schnappte er sich einen bösartigen Erdling, den er zur Strafe ins Moorwasser zog, ab und an aber auch eine hübsche, unschuldige Maid.

**Märchenlandschaft Pohorje**

Wer ausgehend vom Sport- und Freizeitzentrum auf der Rogla im Pohorje-Gebirge die angenehme Wanderung zum Seenplateau unternimmt, kann sich sicherlich auf seinem Weg zwischen Kiefern und Tannen nicht vorstellen, dass hier ein unheimliches Wesen haust. Dass der Grund moorig ist, aber schon, denn der Boden federt, als liefe man über ein unterirdisch aufgespanntes Trampolin. Knapp 100 Höhenmeter gehts in einer Stunde sanft bergauf, bevor das eigentliche Moorgebiet beginnt. Ist das wirklich Slowenien? Die Landschaft erinnert an Skandinavien, wirkt dunkel, meditativ. Ein schier undurchdringliches Gestrüpp von ineinander verwundenen und verwachsenen Latschenkiefern und dicke Moospolster umrahmen die kleinen und großen Seeaugen, um die Alpenrosen, Seggen, Moosbeeren, wilder Rosmarin und rundblättriger Sonnentau Farb- und Dufttupfer setzen. Bergmolch und Birkhuhn haben hier ihr Revier, in den Sonnenstrahlen glitzern Libellen. Zu den nächstliegenden Seen und um sie herum führen Holzstege und ein Aussichtsturm erlaubt einen Blick über das Hochmoor und den Gebirgszug des Pohorje.

**Geheimnisse des Moores**

Idyllisch wirkt der Ort – aber nur, bis jemand einen Stein ins stille Wasser wirft! Vorsicht, mit dem Jezernik ist nicht zu spaßen! In Windeseile lässt er einen Regensturm aufziehen und nutzt die Verwirrung, um den Übeltäter zu sich ins Wasser zu zerren. So schnell, wie es gekommen ist, ist das Unwetter vorbei. Und der Übermut wurde bestraft.

**Wo?**

Pohorje-Gebirge, Rogla Sport- und Freizeitzentrum / Hotel Planja (Rogla 1, 3214 Zreče), erreichbar mit dem Auto ab Slovenske konjice

**Wann?**

In den Sommermonaten, allerdings nicht bei Regen

**Wichtiges**

Die kürzeste Route zu den Seen startet am Parkplatz an den Skiliften über die Wiese nach Norden und verzweigt sich am Pass Sedlo komisija. Für den Hinweg wählt man den östlichen (rechten) Weg.

# Weinberge mit Herz – durch eine alte Kulturlandschaft mit neuem Instagram-Flair.

Österreich und Slowenien sind im Rahmen der EU längst noch enger zusammengewachsen, als sie es als regionale Nachbarn ohnehin schon waren. Dennoch überrascht der Unterschied zwischen dem Weinland der Südsteiermark und dem südlich angrenzenden slowenischen Anbaugebiet der Windischen Bühel oder, wie die Slowenen sagen, Slovenske gorice. Die Hügellandschaft mit ihren steilen Hängen, auf deren Kuppen die Bauernhöfe sitzen, unterscheidet sich kaum, die Weine ebenso wenig. Und die Höfe, die sind drüben in Österreich sehr groß, sehr adrett, sehr clean und strotzen von Wohlstand.

**Bei den slowenischen Hobbits**

In Slowenien wirken viele eher ärmlich, sympathisch-unordentlich, ein bisschen, als hätten sich Hobbits hier angesiedelt. An das Haus der Großeltern hat man hier und da was angebaut, nicht immer ästhetisch geschickt oder denkmalgerecht, aber sicher praktisch und meist originell. Gänse und Hühner watscheln herum, den Traktoren sieht man ihr biblisches Alter an, und so manchem Bauern im blauen Arbeitskittel auch. Die Kulturlandschaft hat nichts Gelecktes, wirkt fast archaisch und dadurch sehr authentisch. Zu „danken" ist das wohl der Grenzlage, lange wurden die Siedlungen hier marginalisiert.

**Ein Herz und seine Folgen**

Wäre da nicht die Herzerlstraße von Janko Dreisiebner vom gleichnamigen touristischen Bauernhof auf dem Špičnik – das Paradies wäre perfekt! Jahrzehntelang unbeachtet, avancierte sie plötzlich zum Instagram-Hit, mit entsprechenden Folgen für Natur und Menschen. Immer wieder kreisen Drohnen über dem Hof und der „Straße". Prominentenhochzeiten fanden hier schon statt. Der Hügel mit der Herzerlstraße wird regelrecht gestürmt. Aber man muss ja nicht ausgerechnet auf dem Špičnik stehen! Auch von den anderen Kuppen schweift der Blick über akkurat gezogene Linien der Weinreben, hügelauf-, hügelabwärts wie über einen Zen-Garten des Weins. Heute werden hier exzellente Tropfen gezogen, es gibt einfache Gasthäuser, aber auch Gourmetoasen wie „Hiša Denk" in Zgornja Kungota. Man kann zwischen Reben wandern oder Radfahren – Letzteres wegen der steilen Wege vielleicht besser mit E-Antrieb – Wein verkosten und schöne Bilder machen. Auch vom Herzerl, aber nicht nur!

**Wo?**

Svečinske gorice, Unterregion der Slovenske gorice, 18 km nördlich von Maribor und westlich des Grenzortes Šentilj. Die Herzerlstraße befindet sich beim Bauernhof Dreisiebner, Špičnik 1, bei 2201 Zgornja Kungota, Tel. +386 31764558, http://dreisiebner.si

**Wann?**

Besonders schön im Herbst. Dreisiebner-Hof tgl. 10–21 Uhr

**Wichtiges**

Hiša Denk, Zgornja Kungota 11a, Reservierung info@hisadenk.si, Gourmet-Restaurant und schicke Zimmer

# Eine Stadt zwischen Weinbergen. Maribor an der Drau von seiner schönsten Seite.

Maribor ist touristisch weit weniger bekannt als Ljubljana. Das mag an seinem Image als Industriestadt liegen, immerhin die bedeutendste Sloweniens. Andererseits ist die Stadt so innig von Weinbergen umschlungen, dass man versucht ist, France Prešerens Trinklied anzustimmen, dessen weinseliger Text bekanntlich als Sloweniens Nationalhymne gesungen wird, wo immer sich die Gelegenheit bietet: „... erhebt das Glas ihr Freunde, gefüllt aufs neu." Einer dieser Weinberge heißt Piramida, der daneben Kalvarija. Die Reben ziehen sich an den Hängen hinunter fast bis zur Tomšičeva ulica mit ihren schön restaurierten Gründerzeitvillen. Man kann also durch Maribor spazieren und ganz nebenbei an Weintrauben naschen.

### Weinreben und Fluchtgänge

Im Herzen der Altstadt, die leider im Bombardement der Alliierten 1945 vieler ihrer architektonischen Schätze beraubt wurde, erhebt sich eine Mischung aus wehrhafter Burg und elegantem Schloss mit bezauberndem Rokoko-Treppenhaus. Ihr Vorläufer, die *Marchpurk,* wird bereits 1146 erwähnt und krönte den Piramida-Hügel. Erst im 18. Jh. zogen die damaligen Herren von Marburg, die Grafen Brandis, hinunter ins heutige Schloss. Die obere Burg diente als Steinbruch, später türmte man Schutt zu einer Pyramide auf und errichtete schließlich eine Kapelle. Hartnäckig halten sich Gerüchte, zwischen dem unteren Schloss und dem ehemaligen Standort des oberen bestehe ein Geheimgang, durch den die Herrschaften fliehen konnten, wenn die Stadt belagert wurde. Tatsächlich ist die Piramida durchlöchert von Höhlen und Gängen, warum nicht auch hinunter ins Schloss? Eine nachgewiesene, aber inzwischen zugemauerte Verbindung beginnt in der oben genannten Tomšičeva ulica.

### Panorama und Genuss

Wanderer müssen sich nicht unterirdisch zum Gipfel der Piramida wühlen, ein 20-minütiger Spaziergang führt hinauf zur Kapelle und einer Aussichtsplattform, vor der sich Stadt und Landschaft zu einem bezaubernden Tableau fügen. Über die Reihen der Weinreben, die Kirchtürme der Altstadt, die silbrig glitzernde Drava fliegt der Blick und bleibt an den dunklen Höhen des Pohorje-Gebirges hängen. Wieder am Fuß des Hügels angelangt wartet ein weiteres Muss: das Restaurant „Bei den drei Teichen" am Rand des Stadtparks – ein kulinarisches Idyll.

**Wo?**

Aufstieg zur Piramida von der Ribniška ulica

**Wann?**

Besonders schön im Herbst, wenn sich die Reben golden färben

**Wichtiges**

Pri treh ribnikih, Ribniška ulica 9, Tel. +386 2 2344170, www.terme-maribor.si, Mo geschl.

# Die Madonna breitet ihren Mantel aus – uralter Glaube im christlichen Gewand.

Eine kurze topografische Einführung sei bei diesem besonderen Ort erlaubt: Zwischen Ptuj und Ormož und beidseits der hier träge dahinfließenden Drava breitet sich eine der ödesten Landschaften Sloweniens aus. Es ist bretteben, nichts erfreut das Auge, die Dörfer wirken trist, auf den Feldern stehen Mais, Kartoffeln, Rinder. Häufig ist das Ganze auch noch in Nebel gehüllt. Dravsko und Ptujsko polje nennt man die Gegend. Der Großvater der Autorin hütete hier als kleiner Junge die Kühe der Familie und erzählte bis ins hohe Alter, wie sehr er sich fürchtete, wenn Nebel aufzog. Zum Glück bekam er regelmäßig Besuch von einem Zwerg, der ihn dann vor den bösen Nebelgeistern beschützte.

**Pilgerfahrt auf den Berg**

Nun, mitten in dieser Ebene türmt sich ein recht steiler Hügel auf, und es bedarf angesichts der großväterlichen Erzählung wenig Fantasie, sich darauf einen heidnischen Kultort vorzustellen. Erhaben über den Zwergen und Geistern opferten wahrscheinlich die Slawen einer Fruchtbarkeitsgöttin, der sie nach ihrer Christianisierung einen großen Mantel umlegten und sie zur Schutzmantelmadonna erklärten. Heute steht auf der Anhöhe ein gotisches Kirchlein, umgeben von einigen schmucken Häusern, die zusammen den Ort Ptujska gora bilden. Die darin verehrte Madonna ist natürlich der eigentliche Anlaufpunkt der vielen Besucher, wenn es sich auch manch einer nach Messe und Gebet im Wirtshaus gut gehen lässt.

**Schutz der Heiligen**

Die Legenden erzählen, das gotische Gnadenbild der Schutzmantelmadonna, das den barocken Hauptaltar schmückt, hätte angesichts mehrfacher Türkenangriffe im 15. Jh. eine schwarze Wolke über dem Berg schweben lassen und so den Ort vor Plünderern verborgen. Zeugnis der Angriffe sind die Reste von Turm und Mauer, mit denen die Kirche Ende des 15. Jhs. verteidigt wurde. Das Gnadenbild selbst stammt von 1400 und versammelt unter dem Schutzmantel Mariens auch einige bekannte Persönlichkeiten der damaligen Zeit. Die Kirche von Ptujska gora *(Marije Zavetnice s plaščem)* wurde von Papst Benedikt XVI. 2010 zur Basilica Minor erhoben. Die Schutzmantelmadonna schwieg dazu.

**Wo?**
Ptujska gora, 14 km südwestlich von 2250 Ptuj, www.ptujska-gora.si

**Wann?**
Tgl. 6–19 Uhr

**Wichtiges**
Bitte nicht die Andacht stören!

# Wo Mithras den Stier besiegte. Orientalischer Glaube oder römischer Lifestyle.

Römische Legionen waren alles, nur nicht ethnisch einheitlich. Söldner aus allen Ecken dieses Riesenreichs marschierten und kämpften zusammen. Dass dabei auch kulturelle Besonderheiten wie etwa religiöse Anschauungen weitergegeben wurden, ist gut nachvollziehbar. Und so wundert es nicht, dass der sich im 1. und 2. Jahrhundert rasant verbreitende Mithras-Kult lange Legionären aus Persien zugeschrieben wurde. Jüngste Forschungsergebnisse widersprechen dem allerdings. Manche Forscher sehen darin eine Art Lifestyle-Religion, die eine einflussreiche Persönlichkeit in Rom begründete und die schnell Anhänger gewann. Etwa so wie der indische Philosoph Bhagwan seine orange gekleideten Sannyasin in den 1970er-/80er-Jahren?

**Kult um die Wiedergeburt**

Woher auch immer diese neue Religion kam, der sich selbst Kaiser anschlossen, bleibt also unbeantwortet. Warum ausgerechnet in Regionen des östlichen Slowenien mehrere Mithräen, also Mithras-Heiligtümer, existieren, ebenfalls. Ptuj, das römische Poetovio, scheint ein Zentrum dieses Kultes gewesen zu sein. Allein vier Mithräen wurden im Stadtgebiet entdeckt. Wahrscheinlich blieben sie erhalten, weil es sich um unterirdische Kultstätten, oft in Höhlen, handelte. Sonnengott Mithras wurde im Verborgenen verehrt. Die Adepten bildeten eine Art Geheimgesellschaft mit unterschiedlichen Rängen. Im Zentrum jedes Mithräums stand ein Relief oder eine Statue des Gottes, der einen Stier tötet und mit dessen Blut und Sperma der Erde Fruchtbarkeit schenkt.

**Das Fremde im Vertrauten**

Ein solches Relief schmückt das Mithräum III. Eine Statue des Mithras als Stierträger wurde im Mithräum I entdeckt und Mithräum II zeigt die Geburt des Sonnengottes aus einem Stein – es sind seltsam beunruhigende Szenen, vertraut in der römischen Ästhetik der Ausführung, fremd aber im Dargestellten. Mithräum III kann stellvertretend für die Gesamtheit nach telefonischer Voranmeldung besichtigt werden.

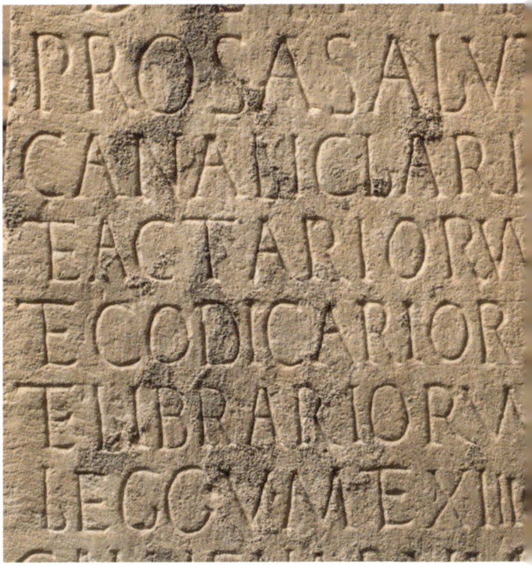


**Wo?**

Das Mithräum III im Vorort Spodna Hajdina ist nur nach Voranmeldung beim Tourismusbüro TIC in Ptuj zu besichtigen: Tel. +386 27480360, https://visitptuj.eu

**Wann?**

Mindestens drei Tage im Voraus anmelden

**Wichtiges**

Ein weiteres Mithräum ist Bestandteil des Hotels Mitra in der Altstadt von Ptuj.

# Von der Wiederbelebung eines archaischen Faschingsbrauchs.

Ein Höllenlärm! Zottelige Gestalten mit furchterregenden Masken, Zungen, die bis auf den Brustkorb hängen, Hörnern und Federn im Fell, riesigen Glocken am Gürtel, toben durch das Dorf. Mit jedem Hüpfer scheppern die Glocken, mit jedem Schlag der Stöcke auf Zäune und gegen Türen rumpelt es dumpf. Sie stürmen ein Gehöft, bauen sich auf im Halbkreis, der „Teufel", bewaffnet mit einem Netz, um Seelen zu fangen, geht einen Schritt vor. Nun kommt's drauf an. Furchtlos tritt die Bäuerin vors Haus und wirft den unheimlichen Gesellen Tongeschirr vor die Füße – Scherben bringen Glück! Die Kurenten toben, drohen, lärmen, dann ziehen sie weiter. Der Teufel hat keine Seelen eingesammelt, dafür Würste, Brot, Schnaps. Und der Bauernhof ist gesegnet fürs ganze Jahr.

**Laufen gegen die Wintergeister**

Der Brauch des Kurentenlaufens *(kurentovanje)* in den Dörfern um Ptuj ist uralt, wahrscheinlich stammt er noch aus vorchristlicher Zeit. Zwischen Mariä Lichtmess am 2. Februar und dem Tag vor Aschermittwoch (in Süddeutschland Faschingsdienstag) ziehen die Kurenten in ihren Kostümen aus Schaffellen, Federn, Ledermasken und Tierhörnern von Hof zu Hof, um den Winter zu verjagen und Glück zu wünschen – natürlich nur gegen ordentliche Bezahlung in Naturalien. Lange war dieses Brauchtum vergessen, bis es auf Initiative eines Ptujer Kulturwissenschaftlers 1960 wieder aufgenommen wurde. Anfangs nur als Parade am Faschingsdienstag durch die Ptujer Innenstadt geplant, wuchs das Kurentovanje zu einem der größten Karnevalsumzüge Europas an. Über 60.000 Zuschauer wohnen dem Ereignis jedes Jahr bei.

**Wo die Wilden Kerle toben**

Doch nicht nur in Ptuj, auch in den umliegenden Dörfern feierte der Brauch Wiederauferstehung. Jeder Ort hat seine eigenen Kostüme, seinen leicht variierten Ablauf. Die Belebung des Kurentovanje blieb international nicht unbeachtet. 2017 nahm die UNESCO es in ihre Liste des immateriellen Weltkulturerbes auf. Zum Höhepunkt am Faschingssonntag in Ptuj reisen inzwischen Gruppen aus ganz Slowenien und dem Alpenraum an. Dann sind auch die nicht minder furchterregenden *laufarji* aus Cerkno zu sehen oder die *zvončari* aus dem kroatischen Rijeka.

**Wo?**

Ptuj und in den umliegenden Dörfern, Programm auf der Website des Tourismusverbandes Ptuj, https://visitptuj.eu

**Wann?**

Zwischen 2. Februar (Mariä Lichtmess) und dem Aschermittwoch; Höhepunkt am Faschingssonntag

**Wichtiges**

Unterkunft rechtzeitig buchen!

# Auf einen Schoppen nach Jeruzalem. Wie das Heilige Land nach Slowenien kam.

Hügelauf, hügelab, Reihe um Reihe schwingen die Linien der akkurat gepflanzten Weinreben wie grüne Wellen über die bewegte Landschaft der Ljutomer/Ormoške gorice. Es ist ein Bild für die Götter, besonders im Herbst, wenn die hölzernen *klopotci,* Windräder mit Welle und Schlegel, ihr rhythmisches Tak Tak Tak über die Landschaft legen, um gefräßige Vögel von den Trauben fernzuhalten. Seit 2400 Jahren ist der Weinbau in dieser Region bezeugt. Als deutsche Kreuzritter im 13. Jh. auf ihrem Rückweg aus dem Heiligen Land hier durchzogen, war es um sie geschehen. Sie ließen sich auf einem der Hügel nieder, gründeten eine Kirche und ein Hospiz und nannten den Ort Jerusalem – im Slowenischen Jeruzalem geschrieben.

**Rund um den edlen Tropfen**

Nun kann man annehmen, dass es nicht nur die Magie der Landschaft war, die den Kreuzfahrern die Seele so leicht machte, sondern auch einer der hier gezogenen Weißweine. Der *Šipon* vielleicht, der *Welschriesling,* der *Muskateller* ... das gar nicht so große Weinbaugebiet entlang der Weinstraße von Ljutomer über Jeruzalem nach Ormož bringt mit die besten Weißweine Sloweniens hervor. Verkosten lassen sich die feinen Tropfen in den vielen privaten wie genossenschaftlichen Kellereien, die mit Werbetafeln auf sich aufmerksam machen. Oben erwähnte Weinstraße führt den Weinliebhaber von *vinska klet* zu *vinska klet* (Weinkeller), am Steuer sitzt dann hoffentlich jemand, der auf den Genuss verzichtet. Übrigens ist die Region auch ein fantastisches Fahrrad-Revier.

**Weinselige Besinnung**

Übrigens: Das im 13. Jh. gegründete Kirchlein in Jeruzalem wurde 1652 ersetzt vom barocken Gotteshaus der Schmerzhaften Muttergottes mit einem Altarbild, bei dem es sich um die Kopie eines Gemäldes handeln soll, das die Kreuzritter mitgebracht hatten. Das Herrenhaus gegenüber existiert seit mehr als 300 Jahren, inzwischen als Vier-Sterne-Hotel. Der meditative Zauber der Weingärten, das Hämmern der *klopotci* und der perlende Wein – das ist die Jeruzalemer Dreifaltigkeit.

**Wo?**
2259 Jeruzalem an der Weinstraße zwischen Ljutomer und Ormož

**Wann?**
Am schönsten im Herbst, aber auch im Frühjahr und Sommer ein Genuss.

**Wichtiges**
Im Herbst öffnen Buschenschänken (saisonales Weinlokal mit meist einfachen Speisen) wie „Brenholc“ (Jeruzalem 18) ihre Tore und verkaufen jungen Wein.

# Schwarzes Gold. Wo sich einfaches Bauernöl zu einer Delikatesse wandelt.

Bojan vom nachfolgend beschriebenen Ferienbauernhof Firbaš schickt die meisten seiner Gäste zu seinem Kumpel Gorazd Kocbek, der wenige Kilometer entfernt eine Ölmühle betreibt. Gemahlen und gepresst werden Kürbiskerne. Hier im Osten Sloweniens begünstigt das Klima nicht die frostempfindlichen Oliven – dafür gedeihen die Kürbisse. Wie im Westen, wo jeder Bauer sein eigenes Olivenöl presst, mal mehr, mal weniger gut, können Reisende zwischen Maribor und der ungarischen Grenze bei nahezu jedem Hof Kürbiskernöl kaufen. Oft ist es schwarz und dickflüssig wie Erdöl und der intensive Geschmack sehr gewöhnungsbedürftig.

### Gut Ding will Weile haben

Die Ölmühle der Familie Kocbek besteht seit 1929. Der heutige Chef Gorazd nutzt immer noch die alten Maschinen und die vom Großvater überlieferten Verfahren. Verwendet werden nur Kerne von slowenischen Bauern, die die Familie seit Jahrzehnten kennt. Schnelligkeit ist ihm ein Gräuel. Die Kerne werden langsam geröstet, das Öl sanft erhitzt. So erhält Gorazd all das Gute, das der Kürbiskern birgt, für das fertige Öl, zerstört werden weder Vitamine noch Geschmack. Und er geht noch eine Nummer weiter: Besondere Chargen presst er kalt, wie es auch gute Olivenbauern tun. Das Ergebnis ist ein helles Öl von ungemein feinem Geschmack, der an frische Kürbiskerne erinnert.

### Qualität hat ihren Preis

Die Slowenen benötigten eine Zeit, sich an die Kocbek-Qualität zu gewöhnen und erst recht an die Preise. Ein halber Liter kalt gepressten Öls kostet um 25 Euro, warm gepresstes etwas mehr als die Hälfte. Beim Bauern um die Ecke gäbe es das doch schon um 5 Euro und im Supermarkt ebenso! Aber der Geschmack lässt sich nicht vergleichen. Wenn Gorazd Zeit hat, führt er gerne vor, wie sein kostbares Öl entsteht, lässt verkosten und bietet noch ein Stückchen Kürbiskernschokolade an, die stellt der Familienbetrieb inzwischen auch her. Feineres Kürbiskernöl bekommt man selten!

**Wo?**

Oljarna Kocbek, Stara gora 1a, 9244 Sveti Jurij ob Ščavnici, Tel. +386 25689026, https://kocbek.si

**Wann?**

Werktags

**Wichtiges**

Am besten vorher anrufen und Besuch vereinbaren

# Wenn der Hahn kräht auf dem Mist – Bauernhofferien im slowenischen Bullerbü.

Mit dem Hahn aufstehen müssen die Gäste des Ferienbauernhofes Firbaš in der Hügel- und Waldlandschaft der Slovenske gorice zwischen Maribor und Radenci natürlich nicht. Sie dürfen ausschlafen, so lange sie möchten. Nur wollen das meist die Kinder nicht, denn draußen warten Gänse, Hühner, Schafe, Rinder, Kätzchen und ein uralter Traktor.

**Kein Wunsch bleibt unerfüllt**

Marjana und Alojz haben den ursprünglich reinen Agrarbetrieb zu einem Ferienbauernhof ausgebaut, und Sohn Bojan entdeckte sein Allround-Talent und steht nun für die Gäste als Ansprechpartner bereit. Zusammen schaffen sie eine entspannt-sympathische Atmosphäre, slowenisch-herzlich, aber zugleich auch zurückhaltend, sodass sich die Gäste wohl umsorgt, aber nicht bedrängt fühlen. Tipps für Ausflüge? Ja gerne! Rezept für gibanica? Kein Problem. Dürfen die Kinder eine Nacht im Heuschober schlafen? Aber natürlich! Und die Lämmchen streicheln? Vater Alojz fängt sie ein. Oder packt die Sprösslinge auf den Traktor, um mit ihnen eine Runde zu drehen.

Neben den Schlafkojen im Heuschober gibt es natürlich ganz normale Gästezimmer und Apartments, hübsch-ländlich eingerichtet, komfortabel. Und zwei Glamping-Hütten mit Mini-Pool im Grünen.

**Schlaraffenland ganz regional**

Die Autoren dieses Bandes haben sich auf den ersten Blick in die Domačija Firbaš verliebt oder besser gesagt auf den ersten Bissen. Denn was Frau Marjana für die unangemeldet hereingeschneiten Gäste auf den Essenstisch zauberte, war grandios. Backhendl, Schinken vom Nachbarhof, verschiedene Frischkäsezubereitungen mit Kräutern aus dem eigenen Garten, eine fantastische (selbst gemachte) Leberwurst, knackigen Salat, frisch gebackenes Brot und zum Abschluss *gibanica,* diese unverschämt leckere, ostslowenische Strudelsünde mit mehreren Füllungen. Dazu Birnensaft aus eigener Produktion – die Birnbäume stehen in langen Reihen um die Veranda. Alles *domače,* alles von hier. Deshalb gab's damals auch keinen Wein, keiner der Nachbarn war Winzer … das hat sich inzwischen geändert: Auch der Wein kommt aus regionaler Produktion. Ach ja, E-Bikes gibt es für die Gäste. Mit denen kommt man bequem und umweltschonend zu den schönsten Flecken in der Umgebung.

**Wo?**

Domačija Firbaš, Cogetinci 60, 2236 Cerkvenjak, Tel. +386 31 855814, https://firbas.com

**Wann?**

Frühjahr bis Herbst, immer schön

**Wichtiges**

Auch Tagesbesucher sind willkommen, aber nur Freitag und Samstag zwischen 12 und 20 Uhr.

**»Zusammen schaffen sie eine entspannt-sympathische Atmosphäre, slowenisch-herzlich, aber zugleich auch zurückhaltend, sodass sich die Gäste wohl umsorgt, aber nicht bedrängt fühlen.«**

CERKVENJAK, DOMAČIJA FIRBAŠ

# Es klappert die Mühle an der rauschenden Mura – wie lange noch?

Slowenien ist nicht nur ein Land der Imker und der Höhlen, auch die Zahl der wasserbetriebenen Mühlen war in der Vergangenheit phänomenal. 3700 Mühlen soll es zu Beginn des 20. Jhs. gegeben haben. Heute arbeitet nur noch eine, und das trotz mehrerer Unglücksfälle. Aber Familie Babič, der die Mühle an der Mura unweit des Ortes Veržej gehört, besitzt das Müller-Gen und gibt nicht auf.

**Zwei Boote, ein Mühlrad**

Am weitesten verbreitet ist der Region *Prekmurje,* übersetzt „jenseits der Mura", der pannonische Mühlentyp, bestehend aus zwei Booten, zwischen denen sich das Mühlrad dreht. Die gesamte Anlage liegt also auf dem Wasser, was bei den heftigen Überschwemmungen der Mura Sinn macht. So war es auch bei der Mühle, die Familie Babič 1912 erwarb. Die erste Katastrophe passierte 1927. Die Mühle brannte ab. Doch 1928 drehte sich das Rad im Wasser wieder, nur das Mahlwerk war diesmal am Ufer errichtet. Ein Stahlseil übertrug die Wasserkraft. 1947, Hochwasser hatte die Mühle völlig zerstört, bauten die Babičs eine neue Mühle. Diesmal mit Strom und Elektromotor, der einspringen konnte, wenn der Wasserstand der Mura zu niedrig war, um das Rad anzutreiben. Wieder wurde Buchweizen-, Roggen- und Maismehl gemahlen, in Säcke gefüllt und gestapelt. Der Sohn folgte auf den Vater, die slowenische Unabhängigkeit nahm ihren Lauf und 1990 holte das Schicksal die Mühle erneut ein. Die Flut riss das Wasserrad ab. Familie Babič ging wieder an die Arbeit.

**Leute kauft Mehl!**

Mittlerweile machte nicht nur die ungebändigte Mura Probleme, sondern auch der nicht zu bändigende Besucherstrom. Die Autoren dieses Bandes haben Müller Babič mehrmals recht harsch erlebt oder besser gesagt genervt. Seine Tochter Karmen hat das Ganze nun in geordnete Bahnen gelenkt. Wer sehen oder fotografieren will, zahlt Eintritt. Oder kauft Mehl. Das Buchweizenmehl ist unbedingt zu empfehlen!

**Wo?**

Babičev mlin na Muri,
Mlinska cesta 25, 9241 Veržej,
Tel. +386 41694087

**Wann?**

Mo–Fr 8–16 Uhr, Sa 8–13 Uhr, 2 €

**Wichtiges**

Die Müller fühlen sich gelegentlich etwas gestresst – nicht allzu aufdringlich sein!

# Ein verschwundenes Dorf, eine bedeutende Wallfahrt und ein verborgener Freskenschatz.

Von außen ist der Kirche Mariae Himmelfahrt *(Marije Vnebovzete)* in Turnišče nicht anzusehen, welche Kostbarkeit sie in ihrem Inneren verbirgt. Ein neugotischer Bau vom Anfang des 20. Jhs. … das gibt es ja nicht so selten. Also gleich weiterfahren? Nein!

**Unerwarteter Fund**

Wo das Gotteshaus heute steht, befand sich im 11. Jh. die Ortschaft Črnec, deren romanische Kirche der Heiligen Jungfrau erstmals 1267 Erwähnung fand. Den Ort gibt es nicht mehr, aber das einschiffige Gotteshaus wurde im 14. Jh. um ein zweites, gotisches Schiff erweitert und mit Fresken ausgemalt, die später unter Verputz verschwanden. 1863 wurde der Bilderschatz entdeckt und vom Mörtel befreit. Anfang des 20. Jhs. folgte dann der Kirchenneubau, denn die immer bedeutender werdende Wallfahrt erforderte mehr Raum für die Gläubigen. Dass damals der Wert der gotischen Fresken erkannt und das alte Kirchlein in die neue Architektur integriert wurde, war ein großer Glücksfall. Heute bildet es als Presbyterium, also Altarraum, den heiligsten Ort der Kirche.

**Der eitle Künstler**

Auch wenn man um die Geschichte und Bedeutung dieser Fresken nicht weiß, die einem gewissen Johannes Aquila zugeschrieben werden, ist ihr Eindruck überwältigend. Bild um Bild rahmen sich Szenen aus Heiligenlegenden aneinander, gemalt im italienischen, „weichen" Stil und mit zarten Farben. Die Apsis füllt das himmlische Jerusalem mit den Aposteln als tragenden Säulen, den Symbolen der vier Evangelisten und Jesus selbst. Eine Schutzmantelmadonna birgt Gläubige unter ihrem weiten Mantel. Über den Künstler weiß man kaum etwas, wenngleich er seine Werke, nicht uneitel, signierte – Ende des 14. Jhs. war solcher Stolz nicht üblich. Womöglich stammt von ihm auch das älteste Selbstbildnis der Malerei, zu besichtigen in der 20 km entfernten Martinskirche von Martjanci. In Turnišče hat Johannes Aquila nur mit den Jahreszahlen signiert – 1383 für die Apsis, 1389 im Langschiff.

**Wo?**

Cerkev Marije Vnebovzete, Ulica Štefana Kovača 14, 9224 Turnišče (17 km östlich von Murska Sobota), https://visitpomurje.eu/de/attraktionen/kirche-mariae-himmelfahrt-turnisce/

**Wann?**

Keine festen Öffnungszeiten, tagsüber meist zugänglich

**Wichtiges**

Nicht die Andacht der Wallfahrer stören!

# Spuren jüdischen Lebens – nur noch wenig erinnert an die größte Gemeinde Sloweniens.

Natürlich gab es auch in Slowenien jüdische Gemeinden, die in mehreren Vertreibungswellen von den jeweiligen Herren ihrer Heimat verwiesen wurden – zuletzt taten Hitlers und Mussolinis Schergen ihr furchtbares Werk. Straßennamen wie Židovska ulica erinnern an die Gemeinschaften, denen hier wie überall in Europa eigene Ghettos zugewiesen waren. Wie viele Menschen jüdischen Glaubens heute in Slowenien leben, ist unbekannt. Schätzungen gehen von rund 200 aus.

**Deportation und Tod**

Eine der größten jüdischen Gemeinden innerhalb Sloweniens wohnte Ende des 19. Jhs. in Prekmurje, der Region östlich des Flusses Mura an der Grenze zu Ungarn. Eine Volkszählung von 1889 gab die Zahl 1107 an. Die Gemeinschaft war in allen gesellschaftlichen Bereichen gut integriert, in allen Berufszweigen vertreten und kulturell aktiv in Gesangvereinen, Musikkapellen und Frauenvereinigungen. In Lendava, wo rund 400 Juden lebten, wurde 1866 eine Synagoge errichtet. In ihr versammelten 1944 deutsche Besatzer die 57 jüdischen Familien, um sie nach Auschwitz zu deportieren. 23 Überlebende kehrten zurück.

**Gedenken auf dem Friedhof**

Lendava ist kein Ort, den man aus besonderem touristischem Interesse ansteuern würde, auch kein *Soul Place,* dazu ist die Stadt zu sachlich. Die ehemalige Synagoge fungiert heute als Museum und Kulturzentrum, doch die „Seele" der jüdischen Gemeinde fängt Lendavas jüdischer Friedhof weitaus intensiver ein: Seit den 1830er-Jahren haben Prekmurjes Juden ihre Toten hier mit dem Gesicht nach Jerusalem gewandt beigesetzt. Grabinschriften in lateinischen und hebräischen Lettern berichten vom Leben der Verblichenen, und an vielen Grabsteinen ist abzulesen, dass dieser oder jener Ort der letzten Ruhe noch von Angehörigen besucht wird. Nach jüdischem Brauch sind Kieselsteine auf dem Grab abgelegt. Hier unter den uralten, schattenspendenden Bäumen zu verweilen, diese oder jene Inschrift zu entziffern und über die Schicksale der hier zur Letzten Ruhe Gebetteten nachzusinnen, schafft eine ganz besondere Stimmung. Manchmal legen auch wir ein Steinchen dazu.

**Wo?**

Synagoge, Spodna ulica 5, 9220 Lendava, http://sinagoga.gml.si; Judovsko pokopališče (jüdischer Friedhof), Dolga vas, Glavna ulica, 9220 Lendava

**Wann?**

Mo–Sa 10–14 Uhr, 2,50 €

**Wichtiges**

Aus Respekt vor den Verstorbenen sollten Männer auch auf dem Friedhof den Kopf bedecken.

# Das halbe Herz im slowenischen Amazonas. Besuch in einem abgelegenen Naturparadies.

Viele Slowenen haben einen geschärften Sinn für Natursymbolik, und so konnte ihnen auch nicht entgehen, dass im hintersten, südöstlichsten Winkel ihrer Heimat ein halbes Herz existiert. Nicht als Herzerlstraße, sondern als Herzerlsee. Besser gesagt als von der Natur eigenwillig geformtes Altwasser im Überschwemmungsgebiet der hier wild und grenzüberschreitend mäandernden Mura. Mal schwingt sie einen Bogen nach Norden und Slowenien hinein, dann wieder einen nach Süden auf kroatisches Territorium. Und gurgelt schließlich weiter nach Ungarn.

**Symbolik allerorten**

Slowenien, so sagt man, habe die Umrisse eines Huhns, den Pürzel Richtung Adria gestreckt und Kopf und Schnabel in die Pannonische Tiefebene Ungarns reckend. Eben dieser Schnabel ist eine Region von ganz eigener Schönheit. Deshalb hat die UNESCO die Auwälder an der Mura – teils sind es richtige Urwälder – zum Biosphärengebiet erklärt. Seit 2022 sind sie Teil des grenzüberschreitenden 5-Länder-Biosphärenparks „Mur-Drau-Donau". Zu dieser Region gehört auch der Halbes-Herzerl-See bzw. die Mrtvica Muriša, wie das Gewässer korrekt heißt. Auf Luftbildern sieht dieses Altwasser tatsächlich aus, als hätte der liebe Gott vergessen, noch die zweite Hälfte des Herzens in die Landschaft zu malen. Und schon haben die Slowenen hier ein weiteres romantisches Liebessymbol, das sie gerne mit der Welt teilen.

**Explosion der Farben**

Wann ist diese Region am schönsten? Fast immer! Im Frühjahr überziehen Tausende von Schneeglöckchen mit ihren weißen Köpfchen den dunklen Waldgrund, im Sommer sprenkeln Seerosen die Wasseradern, Störche und Zwergdommeln suchen in den überfluteten Uferbereichen nach Insekten. Im Herbst färben sich Eichen und Buchen feuerrot, und über den Wassern steigen die ersten Nebel auf. Ornithologisch Interessierte finden in den Wäldern und entlang der Mura eines der größten Vogelreservate des Landes. Am angenehmsten nähert man sich dieser stillen Schönheit mit dem Rad. Proviant eingepackt, und es kann losgehen.

**Wo?**

5-Länder-Biosphärenpark „Mur-Drau-Donau“, Mur-Wälder und Altwasser Muriša bei den Dörfern Pince Marof und Benica

**Wann?**

Vielleicht nicht gerade im Winter

**Wichtiges**

Drei-Länder-Grenzgebiet, also Personalausweis mitnehmen

## Impressum

Daniela Schetar, Friedrich Köthe
**Soul Places Slowenien –
Die Seele Sloweniens spüren**

Soul Places ist eine Marke von:
Reise Know-How Verlag Peter Rump GmbH,
Osnabrücker Str. 79, 33649 Bielefeld


**1. Auflage 2023**


**ISBN 978-3-8317-3700-0**

Printed in Germany

**Druck und Bindung:** Hinckel-Druck GmbH, Wertheim

**Gestaltung und Bearbeitung:** der Verlag
**Fotonachweis:** Cover: AdobeStock Vasily | Soul Place 24: Suzan Gabrian | 39: Suzan Gabrian | 49: (unten links) AdobeStock Vesna | 72: Boris Farič, Pokrajinski muezj Ptuj - Ormož | 79: (oben) AdobeStock anderm, (unten links) Dreamstime Andreja Tominac | 80: Manca Korelc
**Alle weiteren Bilder:** Friedrich Köthe

**Bibliografische Information der Deutschen Nationalbibliothek**
Die Deutsche Nationalbibliothek verzeichnet diese Publikation in der Deutschen Nationalbibliografie; detaillierte bibliografische Daten sind im Internet über http://dnb.dnb.de abrufbar.

Reise Know-How-Bücher finden Sie in allen gut sortierten Buchhandlungen.
Falls nicht, kann Ihre Buchhandlung unsere Bücher hier bestellen:
D: Prolit, prolit.de und alle Barsortimente
A: Freytag-Berndt und Artaria KG, freytagberndt.com
CH: AVA Verlagsauslieferung AG, ava.ch
B, LUX, NL: Willems Adventure, willemsadventure.nl
oder direkt über den Verlag:
**www.reise-know-how.de**

Wir freuen uns über Kritik, Kommentare und Verbesserungsvorschläge, gern per E-Mail an info@reise-know-how.de.